D1573521

Die Deutsche Bibliothek – CIP-Einheitsaufnahme

Reuter, Philipp:
Die Erde / Philipp Reuter.
Ill. von Andreas Piel.
1. Aufl. – Bindlach: Loewe, 1993
(Frag mich was; Bd. 10)
ISBN 3-7855-2543-5

FRAG MICH WAS – Band 10

ISBN 3-7855-2543-5 – 1. Auflage 1993
© 1993 by Loewes Verlag, Bindlach
Umschlagillustration: Andreas Piel
Umschlagtypographie: Karin Roder
Satz: Voro, Rödental

FRAG MICH WAS

Die Erde

Von Philipp Reuter

Illustriert von Andreas Piel

Loewe

Inhalt

Der lebende Planet
- 8 Was ist der besondere Reiz der Erde?
- 9 Woher kommt die Erde?
- 10 Wie sah die junge Erde aus?
- 12 Wann kam der große Regen?
- 13 Warum wandern die Kontinente?
- 15 Wie lange dauerte die Entstehung der Erde?
- 16 Warum scheint die Sonne?
- 17 Was ist Leben?
- 17 Wie kam das Leben auf die Erde?
- 18 Wie funktioniert die Photosynthese?
- 19 Wieso gefährdet Sauerstoff das Leben?
- 19 Wie wirken Enzyme gegen Sauerstoff?
- 20 Wie kam es zur Eiszeit?
- 22 Was war „Das Große Sterben"?
- 23 Wann wird die Erde im Weltraum versinken?

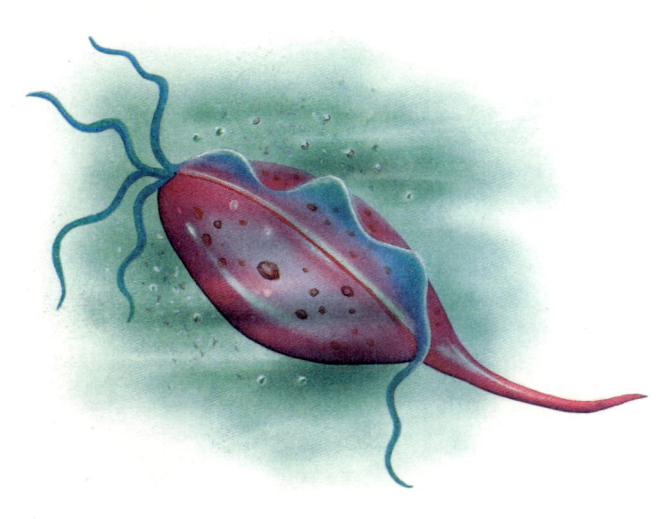

Feuer, Wasser, Luft und Erde
- 24 Wie ist die Erde heute gebaut?
- 25 Ist das Feuer der Vulkane erloschen?
- 26 Wie kommt man an das unterirdische Feuer?
- 26 Wie kommt das Salz ins Meer?
- 28 Warum gibt es Ebbe und Flut?
- 28 Bewegt sich der Meeresboden?
- 29 Ist der Meeresboden platt?
- 30 Was ist der Meeresspiegel?
- 31 Wie bewegt sich das Meerwasser?
- 32 Wie entsteht Treibeis?
- 32 Was sind Eisberge?
- 33 Wie verändern die Flüsse die Erdoberfläche?
- 34 Wo ist die größte Kläranlage?
- 35 Wie sauber ist unser Wasser?
- 35 Wieviel Öl ist im Meer?
- 36 Was ist der empfindlichste Teil der Erde?
- 37 Wie schwer ist die Luft?
- 37 Aus welchen Schichten besteht die Atmosphäre?
- 38 Woher weht der Wind?
- 39 Wie wird das Wetter zum Klima?
- 42 Was ist das Ozonloch?
- 42 Was wird gegen das Ozonloch unternommen?
- 42 Bekommen wir noch Luft?
- 43 Woher kommt der Erdboden?
- 44 Wie funktioniert die Verwitterung?
- 44 Wie entsteht eine Wüste?
- 46 Wozu ist der tropische Regenwald gut?
- 46 Welche Gefahr droht dem Regenwald?
- 48 Wie warm wird die Erde?
- 49 Wie hoch steigt das Meer?
- 49 Wie alt sind die Gebirge?
- 50 Wie kommen Seemuscheln ins Gebirge?
- 50 Wie gefährdet ist die Biosphäre?

Die Geschenke der Erde
52 Was schenkt uns die Erde?
53 Was nimmt sich der Mensch von der Erde?
54 Warum kriecht der Mensch in die Erde?
55 Woher kommt das „Schwarze Gold"?
58 Wie macht man Erdöl?
59 Wie produziert man Kernenergie?

Der Mensch und die Erde
80 Wie viele Menschen gibt es auf der Erde?
81 Wie entwickelte sich die Landwirtschaft?
81 Wie entsteht neues Ackerland?
82 Wo gibt es noch unberührtes Land?
84 Wieviel Platz verbraucht die Straße?
85 Wann zogen die Menschen in die Städte?
86 Was war die erste Millionenstadt?
86 Wie heißt die größte Stadt der Welt?
87 Wie verändert der Mensch den Erdboden?

90 Register

Sonne, Mond und Sterne
60 Ist die Erde eine flache Scheibe?
61 Wo sind wir, Kapitän?
63 Warum haben nicht alle Länder dieselbe Uhrzeit?
64 Wozu braucht man eine Datumslinie?
65 Hängt die Erde schief?
66 Wo geht die Sonne nicht unter?
68 Warum zeigt der Kompaß nach Norden?
69 Warum können Steine nicht fliegen?
70 Gibt es nur einen Mond?
72 Wie ist der Mond entstanden?
74 Wie sieht es auf dem Mond aus?
78 Warum versteckt der Mond seine Rückseite?
79 Wie kann es am hellen Tag finster werden?

Der lebende Planet

Was ist der besondere Reiz der Erde? Nach dem Flug von *Apollo 11* sagten die *Astronauten*, sie hätten nie etwas Schöneres gesehen als ihren Heimatplaneten Erde. Ein tiefblauer, von hellen Schleiern überzogener Stern ging vor ihren Augen über dem Horizont des Mondes auf: ein lebendiger Planet in einem sonst schwarzen, schweigenden *Universum*.

Anders als alle übrigen Sterne in unserer *Galaxis* zeigt die Erde die drei Erscheinungsformen der *Materie*, das heißt feste, flüssige und gasförmige Materie. Da sind die hellbraunen Landmassen der *Kontinente*, die riesigen Wasserflächen der Ozeane, deren blaue Farbe noch durch die Wolken schimmert. Und schließlich die alles umgebende Lufthülle, in der die Wolken schwimmen. Kein anderer

Die Erde geht über dem Horizont des Mondes auf.

1 Staub- und Gaswolke/Der Urnebel unseres Sonnensystems
2 Aus den Ringen des Urnebels entstehen die Planeten.
3 Die Urerde
4 Um die Erde bildet sich ein Materiering.
5 Aus dem Materiering bildet sich der Mond.
6 Erde und Mond heute

Stern, den wir kennen, ist so großzügig ausgestattet. Nur auf der Erde, in vielen Millionen von Jahren, konnte das entstehen, was heute so kostbar geworden ist: die Natur und das menschliche Leben.

Woher kommt die Erde? Wahrscheinlich ist sie zusammen mit der Sonne aus einer riesigen Staub- und Gaswolke entstanden, die mit unvorstellbarer Geschwindigkeit kreiselnd durch das Universum jagte. Wie es dich im Auto in einer Kurve zur Seite drückt, so preßte die Drehgeschwindigkeit auch die Staubteilchen immer dichter zusammen. Dadurch bildete sich eine winzige, feste Kugel, andere Teilchen wurden von der Masse des neuen Himmelskörpers angezogen und lagerten sich Schicht um Schicht darüber: Die Erde begann zu wachsen. Auch freischwebende Gase wurden von der weiter rotierenden Kugel angezogen und bildeten bald ihre äußere Umhüllung. Das ist jetzt beinahe 4,6 Milliarden Jahre her.

Woher kam aber die ursprüngliche Staubwolke? Man könnte auch fragen: Woher kommt überhaupt das ganze Universum? Das bleibt nun wirklich ein Geheimnis. Die Wissenschaftler haben sich als dramatischen Anfang so etwas wie den *Urknall* ausgedacht. Das soll vor 15 bis 20 Milliarden Jahren passiert sein. Alle Materie und Energie, das gesamte Universum war noch auf kleinstem Raum zusammengepreßt, nicht größer als eine Orange, und dieser kleine Körper explodierte plötzlich in Milliarden Teilchen auseinander. Diese Bewegung ist sogar noch heute nicht beendet. Das Universum dehnt sich immer noch aus, und der Tanz der Sterne zieht immer weitere Kreise.

Und was war vor dem Urknall? Also das ist nun wirklich eine schwierige Frage. Denn erst mit dem Urknall ist auch die Zeit entstanden. Also ist die Frage, was in der „Zeit" vorher war, eigentlich sinnlos. Oder nur von einem weisen Philosophen zu beantworten.

Wie sah die junge Erde aus?

Zu Anfang war sie noch nicht einmal richtig fest, sondern zum großen Teil flüssig. Und ziemlich heiß, mehrere tausend Grad. Kaum hatte sie außen eine dünne Kruste gebildet, da schlugen schon wieder Millionen von *Meteoriten* ein, herumfliegende Trümmer und Brocken, und wurden durch die Hitze eingeschmolzen. Eine neue Kruste, wieder Meteoriteneinschläge, erneutes Einschmelzen – ein scheinbar endloses Bombardement. Damals sah die Erde, diese rotglühende, pockennarbige Kugel, noch lange nicht so freundlich aus wie heute.

Der Mond raste riesengroß und in nur geringer Entfernung an ihr vorbei. Für eine Umdrehung brauchte er nicht einen Monat, sondern nur sechs Stunden. Und schon schwappten, vom Mond angezogen, heiße, flüssige Lavamassen auf der

Erde hin und her, hoben und senkten sich im Sechsstundentakt.

Die Erde selbst drehte sich ebenfalls viel schneller als heute. Ein „Tag" dauerte nicht länger als fünf Stunden. Tagsüber brannte die sengende Hitze der Sonne auf die wildbewegte Oberfläche. Und nachts schimmerte die flüssige Gesteinslava im rötlichen Mondlicht.

Nicht nur kleine Meteoriten stürzten auf die Erde, sondern auch gewaltige *Kometen*. Sie sollten sich buchstäblich als Himmelsgeschenk erweisen. Sie bestanden nämlich aus gefrorenem Gas und Eis und brachten damit riesige Wasservorräte zur Erde.

In der unvorstellbaren Hitze verdampften sie allerdings sofort. Aus allen Spalten und Ritzen des glühenden Sterns quollen dichte Schwaden heraus. So bildete sich um die Erde eine Lufthülle, die *Atmosphäre*.

Erde und Mond rasen dicht nebeneinander an der Sonne vorbei.

Wann kam der große Regen?

Während dieser stürmischen Jugend muß ein höllischer Lärm die Erde erfüllt haben: das dumpfe Getrommel der Einschläge aus dem Weltall, das Brodeln der ausbrechenden *Lava* und das Zischen verdampfender *Eismeteoriten*. Viele Hunderte von Jahrmillionen dauerte das chaotische Urdrama.

Nur in kurzen Zwischenzeiten beruhigten sich die *Vulkane* ein wenig, die zähflüssige Lava erstarrte, und die Meteoritenschwärme wurden seltener. Dann herrschte gespenstische Totenstille auf dem Planeten.

Allmählich nahm auch die große Hitze ab. Sie strahlte in die Atmosphäre hinaus und ging im Weltraum verloren. Die Lufthülle kühlte unter 100 Grad Celsius ab, das heißt, sie konnte nun den aufgestiegenen Wasserdampf nicht mehr festhalten. Wie auf einer kalten Glasscheibe *kondensierte* der Dampf in der Atmosphäre zu Wasser. Und aus den grauen Wolkenschwaden begann es zu regnen, Tag und Nacht. Jahrtausendelang fielen ungeheure Mengen Wasser auf die Erde. Durch die Resthitze verdampfte immer wieder ein Teil, stieg in die Atmosphäre auf und kam als neue Regenmasse wieder herunter. So kam der Kreislauf des Wassers in Gang. An den Stellen, wo sich die Erde schon stärker abgekühlt hatte, blieb das Regenwasser liegen, bildete Tümpel, kleine Seen und ganze Meere.

Es waren wildbewegte Wassermengen. Sie wurden nicht nur von dem in nächster Nähe vorbeirasenden Mond zu gewaltigen Fluten aufgetürmt. Auch die noch immer nicht feste Erdkruste hob sich immer wieder, dann brach sie krachend wieder ein und schob die Wassermengen auf ihrer Oberfläche hin und her.

Schwarz und Blau waren die Farben dieser jugendlichen Erde: schwarz das Gestein und blau die Seen und Meere.

Großer Lärm erfüllt die Erde: Einschläge aus dem All, das Brodeln der Lava und das Zischen verdampfender Eismeteoriten.

Über Jahrtausende fielen ungeheure Mengen Wasser auf die Erde.

Warum wandern die Kontinente?

Noch vor gut 100 Millionen Jahren war die Erde viel kleiner als heute.

Wenn man sie sich heute so groß wie einen Apfel vorstellt, war sie damals nicht größer als ein Tischtennisball.

Auch ihre Oberfläche sah völlig anders aus, denn da gab es nur einen einzigen Ozean und eine einzige riesige, zusammenhängende Landmasse. Die allerdings hatte bereits einige Risse und Sprünge, die wie breite Flüsse mit Wasser gefüllt waren. Wie nun unsere heutigen Kontinente entstanden sind, das erklären Wissenschaftler durch die *Kontinentalverschiebung*, einen hochdramatischen Vorgang: Die noch kleine Erde wurde vom inneren Gasdruck buchstäblich „aufgeblasen". Dadurch brach die Landmasse auseinander, die einzelnen Teile trieben wie Eisschollen auf dem Wasser und bewegten sich langsam voneinander weg. Ein großer Teil blieb unten am Südpol hängen. Nach links rissen zwei große Brocken ab und schwammen westwärts: Das war der spätere Doppelkontinent *Amerika*. Die übrige Fläche trieb nach Norden, riß noch einmal quer durch (wo heute das *Mittelmeer* liegt). Der östliche Teil (das heutige *Asien*) schwenkte seitlich hoch und öffnete hinter sich den *Indischen Ozean*. Nur die Riesenhalbinsel Indien gab es noch nicht. Sie schwamm noch als Insel dem neuen Kontinent hinterher. Erst vor 50 Millionen Jahren rammte sie ihn, und zwar mit solcher Wucht, daß sich im Zusammenprall das höchste Gebirge der Welt auftürmte, der *Himalaja*. Erst danach sah die Erde so aus wie auf einem heutigen Globus.

Die alten Bruchkanten sind noch zu sehen. Wenn du dir mal die rechte Küste, also die Ostküste, von *Südamerika* an-

Die Erde im Größenvergleich (von links nach rechts): vor 100 Mio. Jahren, vor 50 Mio. Jahren, die heutige Erde

*Indien prallt auf Asien und faltet dabei den Himalaja auf.
(Schwarze Pfeile: Richtung der Plattenbewegung
Weiße Pfeile: Richtung der Erdmasse)*

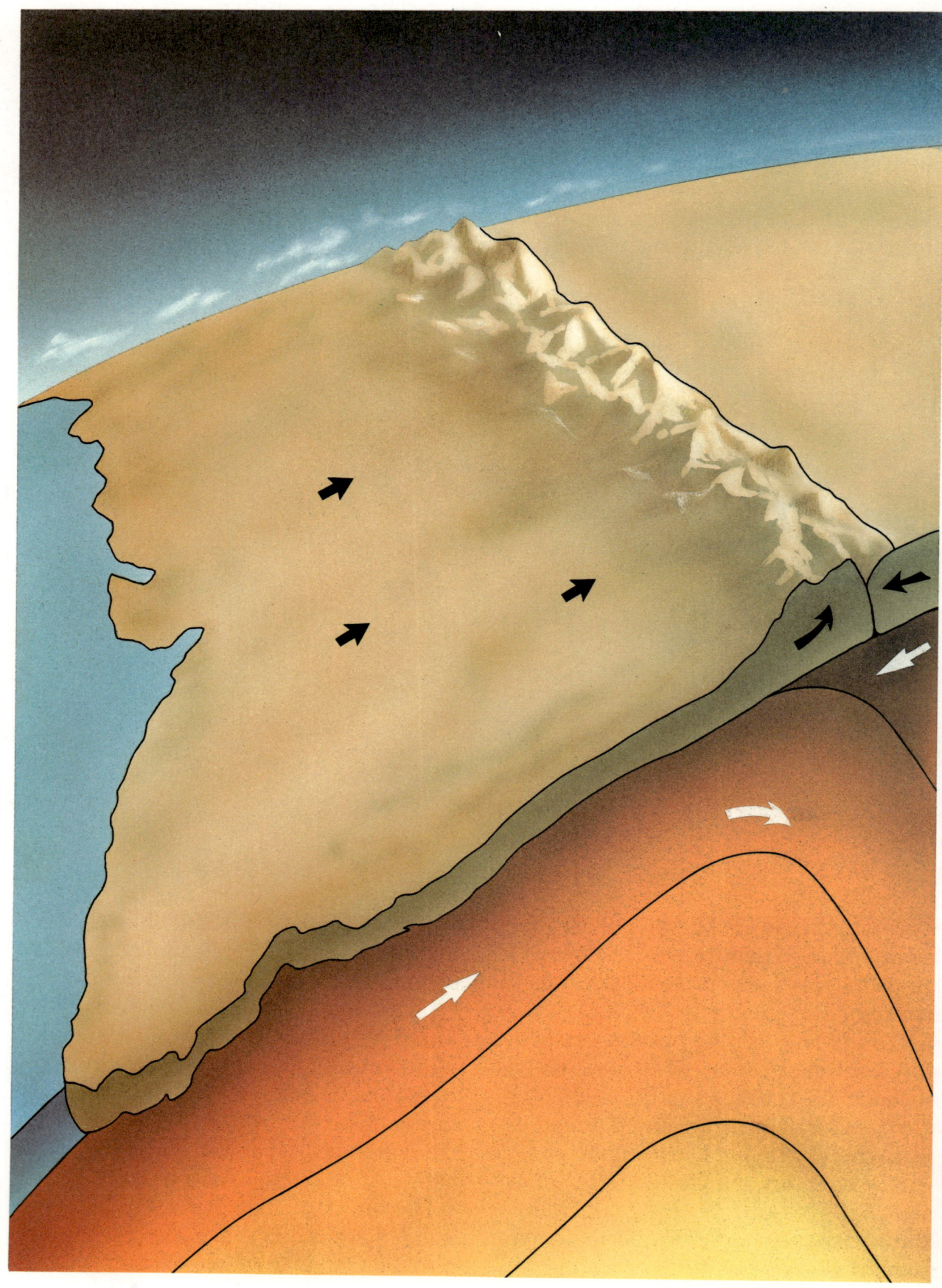

schaust und die linke Küste (die Westküste) von *Afrika* daneben hältst, dann siehst du etwas Auffälliges: Sie passen haargenau aneinander. Noch immer wandern die Kontinente in ihrer alten Richtung weiter, nur viel, viel langsamer. Afrika schiebt sich weiter zu Europa hin und Amerika in den *Pazifischen Ozean* hinaus.

Wie lange dauerte die Entstehung der Erde? Die Gesteinsforscher, die *Geologen*, haben für die bisherige Lebenszeit der Erde einen richtigen Kalender angelegt. Für jeden Abschnitt der Entwicklung haben sie einen eigenen Namen gefunden. Die Bezeichnungen klingen äußerst seltsam, und die meisten Menschen kennen sie auch gar nicht. Der erste Abschnitt, von dem man nur wenig weiß, ist fast so lang wie die ganze Erdgeschichte. Er heißt *Archaikum* und umfaßt gleich 4,5 Milliarden Jahre.

Erst vor ungefähr 500 Millionen Jahren begann dann das *Paläozoikum*, vor 250 Millionen Jahren das *Mesozoikum* und schließlich vor ungefähr 60 Millionen Jahren das *Känozoikum*, das bis heute andauert. Jeder dieser Abschnitte ist unterteilt in sogenannte *Perioden*. Zum Beispiel das Mesozoikum in *Trias*, *Jura* und *Kreide*, das Känozoikum in *Tertiär* und *Quartär*.

Ihre heutige Form hat die Erde in relativ kurzer Zeit ausgebildet, erst in den letzten 100 Millionen Jahren. Du kannst dir das so vorstellen: Wenn die gesamte Geschichte der Erde ein Jahr gedauert hätte, dann wäre ihr heutiges Aussehen an nur einem Tag entstanden. Oder auch so: Wenn man die Riesenmenge von 40 000 Büchern aufeinanderstapelt, dann würde nur das oberste Buch die letzten 100 Millionen Jahre Erdgeschichte beschreiben.

Die geologische Zeittafel zeigt Namen und Beginn der jeweiligen Formation sowie Pflanzen und Tiere, die in den einzelnen Abschnitten existierten.

Die Erde in Zahlen

Am Äquator ist die leicht abgeplattete Erde am dicksten. Dort hat sie einen Durchmesser von 12756 Kilometern, von Pol zu Pol sind es aber nur 12712 Kilometer. Die Oberfläche der Erde besteht aus mehr als doppelt soviel Meer (362 Millionen Quadratkilometer) wie Land (149 Millionen Quadratkilometer).

Der größte Ozean ist der Pazifik mit 166 Millionen Quadratkilometern. Der Atlantik ist weniger als halb so groß (67 Millionen Quadratkilometer).

Der größte Kontinent ist die zusammenhängende Fläche von Europa und Asien, *Eurasien* genannt. Eurasien hat eine Fläche von 55 Millionen Quadratkilometern (davon Europa nur etwa 10 Millionen), Afrika 30, Nordamerika 24, Südamerika 18, die Antarktis 13 und *Australien* (mit *Neuguinea*) knapp 9 Millionen Quadratkilometer.

Das in der Erdkruste häufigste chemische Element ist Sauerstoff. Er macht knapp die Hälfte ihres Gewichts aus (46,5 Prozent) und nimmt fast das gesamte Volumen ein (94,1 Prozent). Das zweithäufigste Element ist *Silizium* (28,9 Gewichtsprozente, aber nur 0,9 Volumenprozente). Dann folgen mit erheblich geringeren Anteilen: *Aluminium, Eisen, Kalzium, Kalium, Natrium* und *Magnesium*.

Warum scheint die Sonne?

Den alten *Ägyptern* war die Sonne ein heiliger Stern. Wenn sie die Sonnenstrahlen malten, zeichneten sie ans Ende eines jeden Strahls eine kleine Hand, die zärtlich die Erde und die Menschen streichelt. Ihre Dankbarkeit hatte einen tiefen Grund: Ohne die Wärme der Sonne wäre die Erde tot, dunkel und eiskalt wie die meisten übrigen Sterne am Himmel.

In ihrem Kern ist die Sonne 15 Millionen Grad heiß. Bei dieser Temperatur findet eine fortdauernde *atomare Kettenreaktion* statt. Und zwar verschmelzen hier ständig *Wasserstoffatome* miteinander, weshalb man diese Energieproduktion auch *Fusion* (Verschmelzung) nennt. Wenn die Strahlung dieser atomaren Fusion die Erde treffen würde, wäre sie für die Erde so tödlich wie die Reaktorexplosion von *Tschernobyl*. Nun hat aber die Sonne eine Gashülle, die etwas kühler ist als der heiße Kern. In dieser Hülle wird die Strahlung abgebremst. Dabei verwandelt sie sich wunderbarerweise in *ultraviolettes Licht* (das wir nicht sehen, es macht uns nur braun im Sommer), in sichtbares Licht, in Wärme und außerdem noch in *Röntgen-* und *Radiowellen* (die man nur mit Instrumenten nachweisen kann).

Die Ägypter zeichneten Hände ans Ende der Sonnenstrahlen.

Was ist Leben? Die ältesten Überreste von lebenden Zellen hat man in einem Gestein entdeckt, das 3,5 Milliarden Jahre alt ist. Das Leben auf der Erde ist also noch mitten im wildesten Chaos und Aufruhr entstanden, lange bevor die Erde scheinbar zur Ruhe gekommen ist.

Jetzt aber etwas Verblüffendes: Kein Wissenschaftler kann genau festlegen, was Leben ist. Auch ist es noch niemandem gelungen, Leben im Reagenzglas zu erzeugen. Man kann Leben nur an bestimmten Eigenschaften erkennen, zum Beispiel an Bewegung, Ernährung oder Fortpflanzung. Von Pflanzen und Tieren, die das alles ja können, sagen wir dann halt: Sie leben. Wir nennen sie *organische Materie*, im Gegensatz etwa zum toten Sand am Meer, der aus *anorganischer Materie* besteht.

Einzelne chemische Bausteine organischer Materie, die sogenannten *Aminosäuren*, kann man zwar heute schon im Labor künstlich herstellen. Aber selbst das primitivste Lebewesen, ein *Einzeller*, ist schon unendlich komplizierter. Im Innern der Zelle, in den langen, aufgerollten Fäden der *Gene*, ist nämlich eine Art chemische Geheimschrift eingebaut. Diese Geheimschrift enthält alle „Informationen", die die Zelle zum Leben braucht. Jeder Mensch hat in jeder seiner Körperzellen solche Gene.

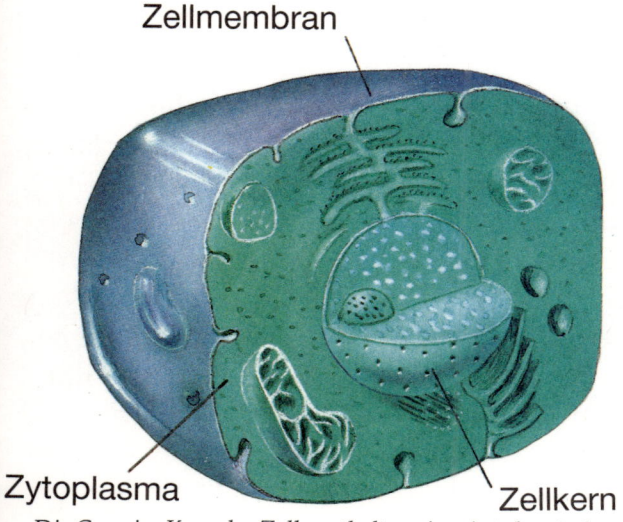

Die Gene im Kern der Zelle enthalten eine Art chemische Geheimschrift.

Wie kam das Leben auf die Erde? Das Leben wurde hier, auf der Erde selbst, geboren. Es kam nicht etwa aus dem Weltall von außen zur Erde.

Sehr ungenau (aber Genaueres weiß eben keiner) könnte man sagen: Die ersten Lebewesen sind in einer Art heißer Ursuppe entstanden, in dem frühen Gebrodel aus lavaheißem Wasser, unter den ersten Gewitterblitzen und dem ultravioletten Sonnenlicht, vor ungefähr 3,5 Milliarden Jahren.

Diesen ersten Einzellern ging es prächtig. Sie waren umgeben von einer Menge anderer organischer Materie, die sie einfach „schlucken" konnten. Sie schwammen ungestört im Wasser und hatten einen scheinbar endlosen Vorrat an Nahrungsmitteln.

Mit dem Einzeller (Trichomonas) begann alles Leben.

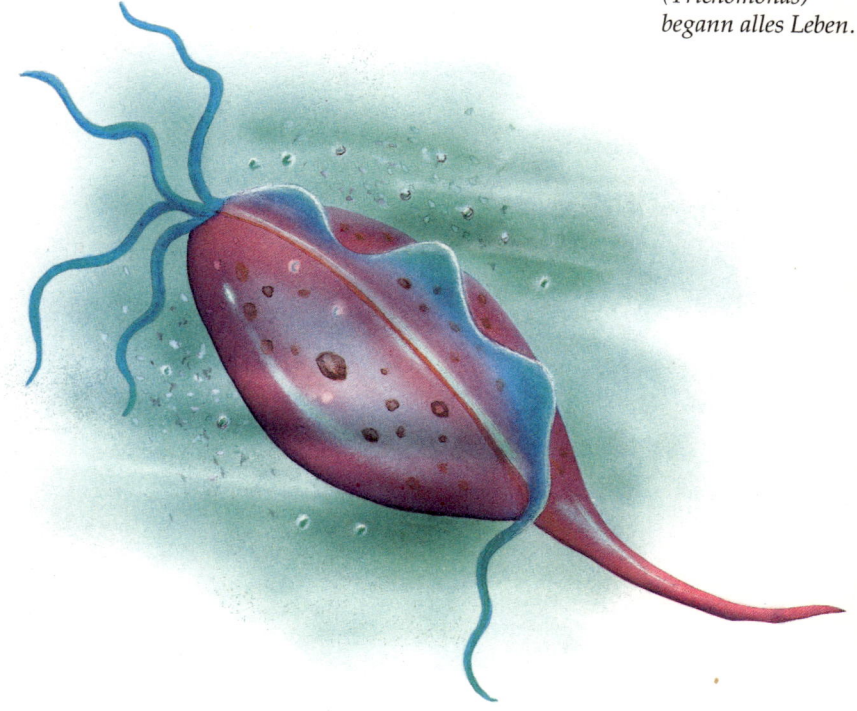

Dann aber, vor etwa 600 Millionen Jahren, fingen diese Einzeller an, sich zu größeren Zellklumpen zusammenzulagern. Mit diesem einfachen Schritt war etwas ganz Unerhörtes geschehen: Das Leben begann, sich höher zu entwickeln. Es war das erste Kapitel der *Evolution*, der Entwicklung der Millionen Tier- und Pflanzenarten von niederen zu höheren Formen.

Aber schon 500 Millionen Jahre später tauchte ein fatales Problem auf: Nachdem sich die meisten Zellen zu *Mehrzellern* vereinigt hatten, war zum „Fressen" keine organische Materie mehr übrig in der Ursuppe. Die Mehrzeller standen vor einer katastrophalen Hungersnot. Sollte das Leben auf der Erde auf dieser niedrigen Stufe schon wieder zu Ende sein?

Wie funktioniert die Photosynthese?

Eine sehr intelligente Antwort auf die Nahrungsnot fanden *Bakterien* und *Algen*, die sich im Meerwasser entwickelt hatten: Sie produzierten als erste ihre Nahrung selbst. Diese geniale Erfindung heißt wegen der Hilfe des Lichts (griechisch: *Phos*) und des Zusammenbauens (griechisch: *Synthese*) wissenschaftlich *Photosynthese*. Ohne diese Erfindung wäre unser ganzes heutiges Leben auf der Erde unmöglich.

Wichtigste Voraussetzung für die Photosynthese war Energie. Die lieferte das Sonnenlicht, das mit seinen ultravioletten Strahlen bis in zehn Meter Wassertiefe ins Meer zu den Algen hinabreichte. Mit dieser Strahlung und mit Hilfe des *Chlorophylls* in ihren Zellen spalteten die Algen die in Überfülle vorhandenen Moleküle in ihre chemischen Elemente auf: *Sauerstoff*, *Wasserstoff* und *Kohlenstoff*. Dann konstruierten sie mit diesen Elementen völlig neuartige Verbindungen. So entstanden in einem Entwicklungsprozeß, der viele Millionen Jahre dauerte, wertvolle Nährstoffe wie Zucker, Stärke und Fette. Damit wurde die frühe Hungersnot gebannt. Sozusagen als Abfallprodukt gelangte dabei immer mehr Sauerstoff in die Atmosphäre.

Die Bakterien nahmen bei dieser Arbeit eine blaugrüne oder dunkelblaue Fär-

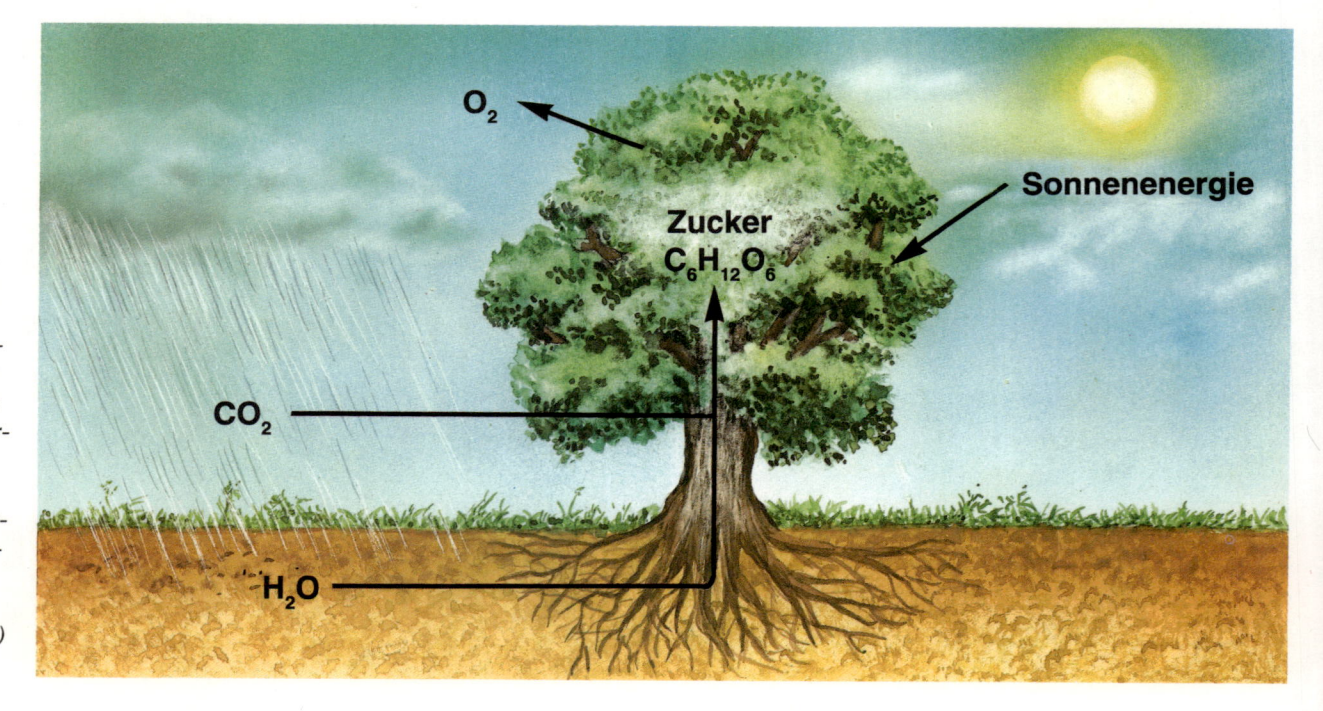

Die Photosynthese ist ein Vorgang in allen grünen Pflanzen: Unter Zufuhr von Sonnenenergie bilden sich aus energiearmem Kohlendioxid (CO_2) und Wasser (H_2O) energiereiche Kohlenhydrate wie Zucker ($C_6H_{12}O_6$). Dabei wird Sauerstoff (O_2) freigesetzt.

bung an. Und gleichzeitig vermehrten sie sich sehr stark. Sie müssen die blauen Ozeane geradezu verdunkelt haben.

Bis heute haben die Pflanzen der Erde keine bessere Methode entwickelt als die Photosynthese. Ihr verdanken wir unseren Sauerstoff zum Atmen. Die Pflanzen und Wälder, ganz besonders die tropischen Regenwälder, sind die lebensnotwendigen Lungen unserer Erde.

Wieso gefährdet Sauerstoff das Leben? Mit dem Sauerstoff ist das so eine Sache. Man glaubt es kaum, aber er ist eigentlich, in reiner Form, ein todbringendes Gift. Er kann sich extrem leicht mit anderen Atomen verbinden, chemisch gesagt: Er „verbrennt" sie (auch ganz ohne Flamme), so ähnlich wie *Eisen* durch den Sauerstoff der Luft verrostet.

Aufbau eines Sauerstoffatoms (gelb = Neutronen, rot = Protonen, grün = Elektronen)

Der erste von den Bakterien und Algen produzierte Sauerstoff verband sich noch harmlos mit dem Eisen, das im Meerwasser gelöst war. Das so entstandene *Eisenoxid* sank auf den Meeresboden, wo es in dicken Schichten noch heute liegt. Das vorhandene Eisen ging aber einmal zu Ende, und die Bakterien setzten immer noch mehr Sauerstoff frei. Ihre Lebensweise war darauf aber nicht eingestellt, im Gegenteil, der freie Sauerstoff im Wasser war für sie das reine Gift. Schon sah es so aus, als hätten die frühen Lebewesen mit dem Erfolg der Photosynthese ihren eigenen Untergang produziert.

Wie wirken Enzyme gegen Sauerstoff? Einige lebende Zellen entwickelten zu ihrem Schutz spezielle Wirkstoffe, *Enzyme* genannt. Mit diesen Enzymen schafften sie es, den bisher gefährlichen Sauerstoff und seine Verbindungen mit anderen Atomen in neue, aber ungefährliche Verbindungen umzubauen. Damit hatten sie natürlich einen enormen Entwicklungsvorsprung vor allen anderen Lebewesen: Der immer größer werdende Sauerstoffvorrat bedrohte die mit Enzymen ausgerüsteten Bakterien nicht mehr. Er diente ihnen vielmehr als Nahrungsquelle und damit zum Überleben.

Bald „lernten" sie sogar, den Sauerstoff direkt als Energiequelle in sich aufzunehmen. Sie fingen also an zu atmen, fast wie wir Menschen auch. Und wieder vermehrten sie sich im Meer wie wahnsinnig.

Blaualgen und Bakterien entwickelten Enzyme. Sie lernten bald, reinen Sauerstoff aufzunehmen.

So sah die Erde während der letzten Eiszeit in weiten Teilen Europas aus.

Auf dem Land gab es nun bis zu diesem Zeitpunkt noch immer kein Leben. Das ist aber auch wenig verwunderlich: Die Sonne brannte nämlich ungefiltert und mit voller Strahlungswucht auf die schutzlose Erde herunter. Erst aus dem überreich produzierten Sauerstoff bildete sich allmählich in der oberen Atmosphäre ein rettender Filter, der *Ozonschild*. Diese Ozonschicht verminderte nun die starke ultraviolette Strahlung der Sonne auf ein erträgliches Maß.

Erst diese Entwicklung war die Voraussetzung dafür, daß die frühen Kleintiere ihr Leben auf dem trockenen Land beginnen konnten.

Wie kam es zur Eiszeit?

Eine einfache Antwort darauf gibt es nicht. Eine Eiszeit hat wohl mehrere Ursachen. Wissenschaftler sehen sie in einer Veränderung der *Erddrehung* und der *Erdbahn*. Du weißt ja schon, daß die Erde sich dreht, und zwar erstens um sich selbst (das macht den Tag und die Nacht) und zweitens in einer großen *Ellipse* um die Sonne herum.

Wir können jetzt mal – theoretisch – einen langen Stock genau vom Nordpol bis zum Südpol durch die ganze Erde stecken, so daß er oben noch ein Stück herausragt. Das wäre also die Achse, um die die Erde sich dreht, die *Erdachse*. Die Spitze unseres Stockes, also die Erdachse, steht aber nicht fest, sondern bewegt sich ein wenig. Die Spitze des Stockes beschreibt also in der langen Zeit von etwa 26 000 Jahren einen kleinen Kreis. Die Erde, könntest du sagen, läuft nicht rund, sondern sie eiert wie ein müder Kreisel.

Auch die Bahn der Erde um die Sonne ist nicht dauernd eine *Ellipse*. Von Zeit zu Zeit, immer in Zehntausenden von Jahren gerechnet, sieht sie eher wie ein Kreis aus, dann wieder wie eine ordentliche Ellipse.

Die winzigen Abweichungen führen in Zeiträumen, die sich nach Jahrtausenden bemessen, dazu, daß die ganze Erde sich um mehrere Grad abkühlt oder aber erwärmt. In der Phase der Abkühlung vermehrt sich das Eis auf der Erde. Die Unsauberkeiten der Erdbewegung haben Wissenschaftler genau berechnet. Das Ergebnis: Es hat in der Erdgeschichte nicht eine, sondern mehrere *Eiszeiten* gegeben. Sie kommen in einem sehr langsamen, aber deutlich markierten Rhythmus von Zeit zu Zeit immer wieder über die Erde.

Aus der letzten Eiszeit sind wir vor gerade 18 000 Jahren herausgekommen. Wann die nächste kommt, weiß keiner genau. Auf der Erde herrscht heute eine ungewöhnlich warme Zwischeneiszeit.

Was war „Das Große Sterben"?

Vor ungefähr 440 Millionen Jahren starb eine riesige Zahl von Tieren im Meer. Und ein wenig später, vor 250 Millionen Jahren, starben ungefähr 96 Prozent aller Tierarten, zum Beispiel fast alle *Reptilien*, die damals im Wasser, aber auch schon auf dem Land lebten.

Diese globale Ausrottung so vieler Tierarten der Vergangenheit nennen die Wissenschaftler *Das Große Sterben*. Auf die Frage nach den Ursachen haben sie bis jetzt kaum eine Antwort gefunden. Einige Forscher machen riesige Überschwemmungen dafür verantwortlich. Nach den Eiszeiten, als die Gletscher schmolzen, stieg nämlich der Meeresspiegel um einige Meter. Vor 6 Millionen Jahren hob sich der Felsen von *Gibraltar*, sperrte das *Mittelmeer* ab, und es trocknete buchstäblich aus. Eine Million Jahre später brach der Damm wieder, und die hereinbrechende Flutwelle überschwemmte *Südfrankreich*, *Norditalien* (im Gebirge am *Gardasee* hat man Meeresmuscheln gefunden) und *Sizilien*. In einer Höhle bei *Palermo* liegt eine Riesenmenge zerschmetterter Knochen von Tieren, die sich vor der Flutwelle dorthin geflüchtet haben.

Von Zeit zu Zeit erinnert uns ein Vulkanausbruch daran, daß die Erde immer noch nicht zur Ruhe gekommen ist.

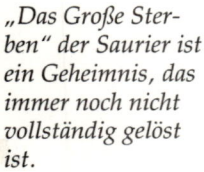

„Das Große Sterben" der Saurier ist ein Geheimnis, das immer noch nicht vollständig gelöst ist.

1. Die Sonne heute
2. In 5 Mrd. Jahren: Die Sonne bläht sich auf und verbrennt die inneren Planeten.
3. Die Sonne beginnt zu schrumpfen.
4. Weißer Zwerg mit erkalteten Planeten

Wann wird die Erde im Weltraum versinken?

Auch hier gibt es keine exakte Antwort; die Wissenschaftler können aus ihren Erkenntnissen nur Schlußfolgerungen ziehen, wie das Schicksal der Erde aussehen wird. Ein solches *Szenario* stellt sich ungefähr so dar:

In sehr, sehr ferner Zeit wird der letzte Akt der dramatischen Erdgeschichte beginnen. Bis dahin sind es aber noch ungefähr 5 Milliarden Jahre. Dann wird sich die Sonne zu einem so großen Ball aufblasen, daß sie die Bahn des Planeten *Merkur* streift. Sie wird dabei immer heller und heißer und hängt als riesige Feuerkugel über der Erde. Die Ozeane fangen zu kochen an, verdampfen und entweichen zusammen mit der Atmosphäre in den Weltraum. Die Erde wird wieder flüssig, wie bei ihrer Geburt. Das Leben, wenn es dann noch auf der Erde existiert, wird in dieser Gluthitze ausgelöscht. Danach verwandelt sich die Sonne in überraschend kurzer Zeit, in ein paar Tagen nur, in einen völlig anderen Stern. Sie schrumpft plötzlich zu einer winzigen Kugel zusammen, die bei den Astronauten *weißer Zwerg* heißt. Der weiße Zwerg Sonne strahlt wahrscheinlich immer noch Licht und Wärme aus.

Langsam erkaltet die Erde dann endgültig. Eingepackt in einen dicken Panzer aus Eis, kreist sie als toter Stern um eine nur noch schwach leuchtende Restsonne.

Feuer, Wasser, Luft und Erde

Wie ist die Erde heute gebaut? Wenn man ein Loch immer tiefer in die Erde bohrt, kommt man nach 6370 Kilometern an ihren Mittelpunkt.

Die feste Kruste, auf der wir stehen, ist dabei ziemlich dünn. Wäre die Erde so groß wie ein Ei, dann wäre die Kruste dünner als die Eierschale. Sie ist nur maximal 40 Kilometer tief, und es ist darin viel wärmer als auf der Oberfläche, bis zu 500 Grad. Unter der Kruste beginnt der *Erdmantel*. Er reicht bis in die Tiefe von 2900 Kilometern hinunter. Im Mantel herrscht bereits die Hitze eines Stahlofens, bis zu 3000 Grad, und es wird ein gewaltiger Druck auf das Gestein ausgeübt. Unter dem Erdmantel, bis zur Tiefe von etwa 5000 Kilometern, liegt der sogenannte *äußere Kern*. Er besteht aus einer extrem dichten und zähflüssigen Gesteinsmasse, die bis zu 2000 Grad heiß ist. Und ganz im Innern, im eigentlichen Kern, geht die Temperatur noch einmal

Die einzelnen Erdschichten im schematischen Aufriß

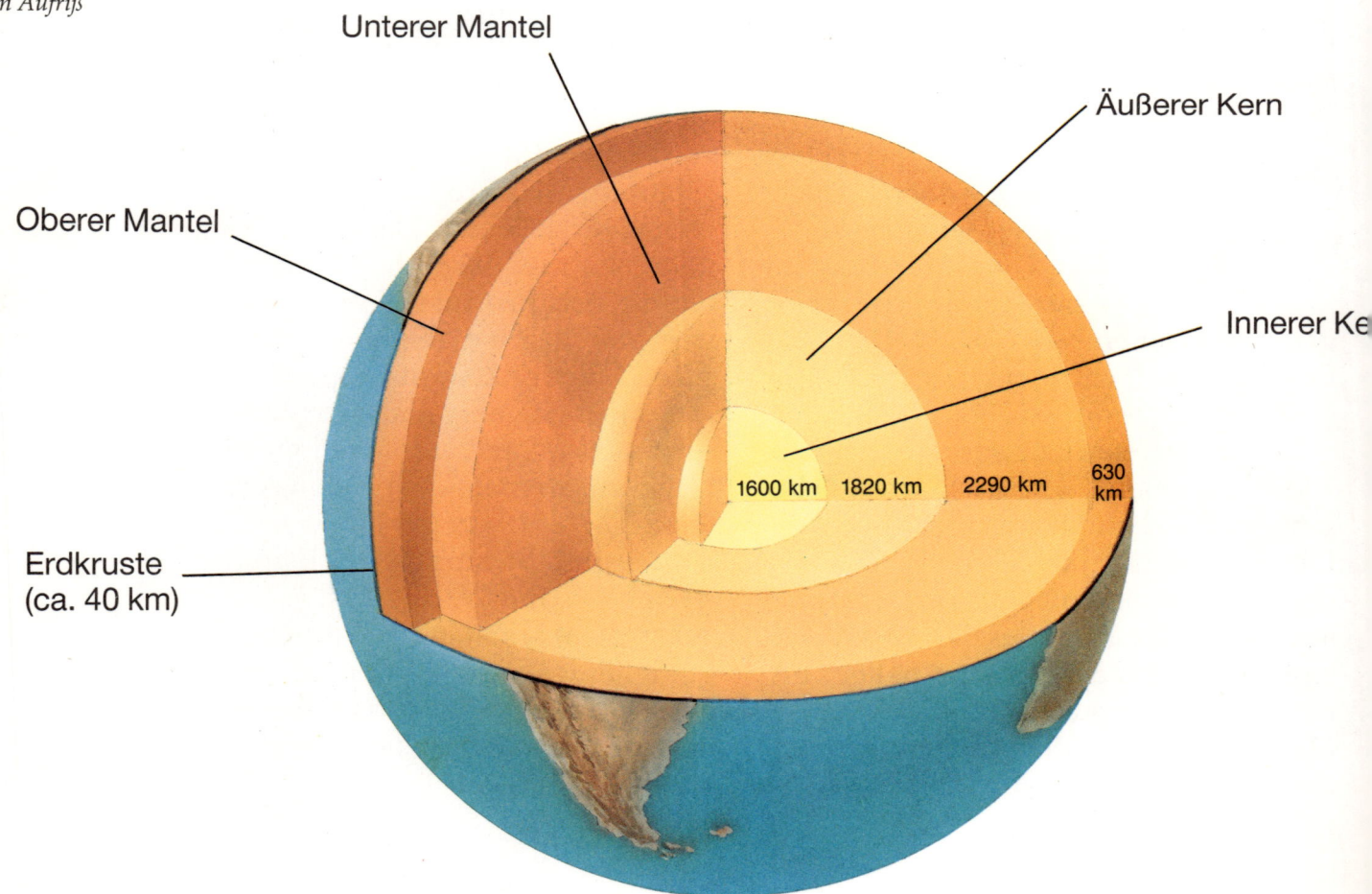

- Unterer Mantel
- Oberer Mantel
- Erdkruste (ca. 40 km)
- Äußerer Kern
- Innerer Kern

1600 km   1820 km   2290 km   630 km

Heute gibt es auf der Erde noch etwa 400 aktive Vulkane.

in die Höhe, und zwar erreicht sie einen Wert von fast 4000 Grad.

Man kann sich den Temperaturanstieg in der Tiefe ganz leicht so merken: Pro Kilometer wird es immer um 30 Grad heißer. In 3 Kilometern Tiefe ist es schon so heiß, daß Wasser zu kochen anfängt.

Unsere Erde ist also ein heißer Ball mit einer dünnen, kühlen Schale, auf der wir leben.

Eine perfekte Kugel ist die Erde allerdings nicht. Oben und unten, an den beiden *Polen*, ist sie ein wenig abgeplattet. Durch die Drehung um die eigene Achse, die *Rotationsachse*, hat sich ihre Masse in der Mitte etwas nach außen hin verschoben.

Ist das Feuer der Vulkane erloschen?

Lange Zeit sah es so aus, als würde kein großer Vulkan mehr ausbrechen. Früher, vor Millionen von Jahren, als die *Erdkruste* sich noch nicht abgekühlt hatte, war sie buchstäblich voller Löcher, die flüssige Lava und Gase aus dem glühenden Erdinnern in die Atmosphäre schossen. Noch vor ein-, zweitausend Jahren waren Vulkanausbrüche viel häufiger. Heute gibt es nur noch etwa 400 aktive Vulkane und ungefähr zehnmal so viele tote, erloschene Vulkankrater.

Aktive Vulkane gibt es nicht überall auf der Erde. Die meisten sind in Indonesien, am östlichen Rand von Asien und an der Westküste Amerikas, in Neuseeland, einige auch am Mittelmeer. Wenn man nun die einzelnen Vulkanpunkte auf der Landkarte mit einem Bleistift zu einer Linie verbindet, dann hat man ziemlich genau die Grenzen der früheren Kontinente. Man kann sozusagen noch ihre alte *Bruchlinie* sehen.

Die Kontinente verschieben sich immer noch. Deshalb wird auch immer wieder ein Vulkan ausbrechen, wie zum Beispiel der mörderische *Pinatubo* auf der philippinischen Hauptinsel *Luzon*.

Die Wolke, die ein Vulkan ausstößt, wandert mit unglaublicher Geschwindigkeit um die Erde. Am 5. April 1982 brach der *El Chichón* in *Mexiko* aus. Am 17. April erreichte die Aschenwolke *China*, und am 25. April kam sie wieder in Mexiko an. Ihre Reise um die Welt dauerte also nicht einmal drei Wochen.

Die Maoris nutzen die Erdwärme zum Kochen.

Wie kommt man an das unterirdische Feuer? Es wäre natürlich schön, wenn wir in unseren Breiten die Hitze des Erdinnern, die *geothermische Energie*, zur Heizung im Winter nutzen könnten. Aber leider sitzt sie zu tief in der Erde, und die zum Anzapfen nötige Technologie ist noch nicht erfunden.

In *Neuseeland* läßt sich die geothermische Energie schon einfacher nutzen. Dort steht praktisch alle 20 Kilometer ein Vulkan. Außerdem strömt dort überall Dampf aus Löchern in der Erde. Die Eingeborenen, die *Maoris*, kochen darin seit jeher Maiskolben und in Maisblätter gewickeltes Fleisch. Und seit 30 Jahren gibt es dort auch ein Elektrizitätswerk, das mit dem heißen Wasser aus der Erde Strom erzeugt.

In der Hauptstadt von *Island*, in *Reykjavik*, werden heute sogar alle Wohnungen mit geothermischer Energie geheizt. Das Wasser kommt dort 60 Grad heiß aus der Erde und wird direkt in die Haushalte gepumpt. Deshalb haben die Bewohner dieser Stadt wohl die niedrigsten Heizkostenrechnungen der Welt.

Wie kommt das Salz ins Meer? Jedes Wasser, auch das sogenannte *Süßwasser* unserer Flüsse und Seen, enthält Spuren von *Mineralien* und Salz. Dieses Salz wird von den Flüssen seit Jahrmillionen unaufhörlich ins Meer transportiert. Von dort kann es nun aber nicht weiter abfließen. Und so schmeckt das Meerwasser heute salzig. Der *Salzgehalt* des Meeres ist dabei nicht sehr hoch. Er liegt nur zwischen drei und vier Prozent.

Die Eisberge, die ja aus nichtsalzigem Schnee entstanden sind, sind gefrorenes Süßwasser. Wenn sie schmelzen, dann verdünnt sich das Meerwasser, und der Salzgehalt sinkt. Daher ist das Meerwasser im hohen Norden ein bißchen weniger salzig als zum Beispiel im Mittelmeer.

Im Meerwasser sind noch viele andere Stoffe gelöst. Zum Beispiel könnte man darin auch reichlich *Gold* finden: Der Goldvorrat im Meer wird auf 10 Milliarden Kilogramm geschätzt. Aber diese Riesenmenge Gold ist in der ungeheuren Weite des Ozeanwassers so fein verteilt, daß sich die Goldsuche gar nicht lohnen würde.

Die unvorstellbare Menge von einer Milliarde Liter Wasser wäre notwendig, um gerade mal ein einziges Gramm Gold zu erhalten.

Das Salz im Wasser

Das salzärmste Meer ist die *Ostsee*. Ihr Salzanteil kann bis auf 0,5 Prozent absinken. Die Ozeane haben meistens 3 bis knapp 4 Prozent Salz in ihrem Wasser. Am salzreichsten sind der *Persische Golf* (bis zu 4 Prozent) und das *Rote Meer* (bis zu 4,1 Prozent). Das bei weitem salzigste Wasser findet man im *Toten Meer*. Hier besteht das Wasser zu einem guten Viertel (26 Prozent) aus Salz. Wer dort schwimmen geht, treibt auf dem Wasser wie ein Stück Holz.

Der Mono-Lake in Kalifornien ist einer der ältesten Salzseen Nordamerikas. Sein Salzgehalt ist dreimal so hoch wie der des Atlantik. Bizarre Ablagerungen säumen das Ufer.

Mondanziehung
Niedrigwasser
Gezeitenberg

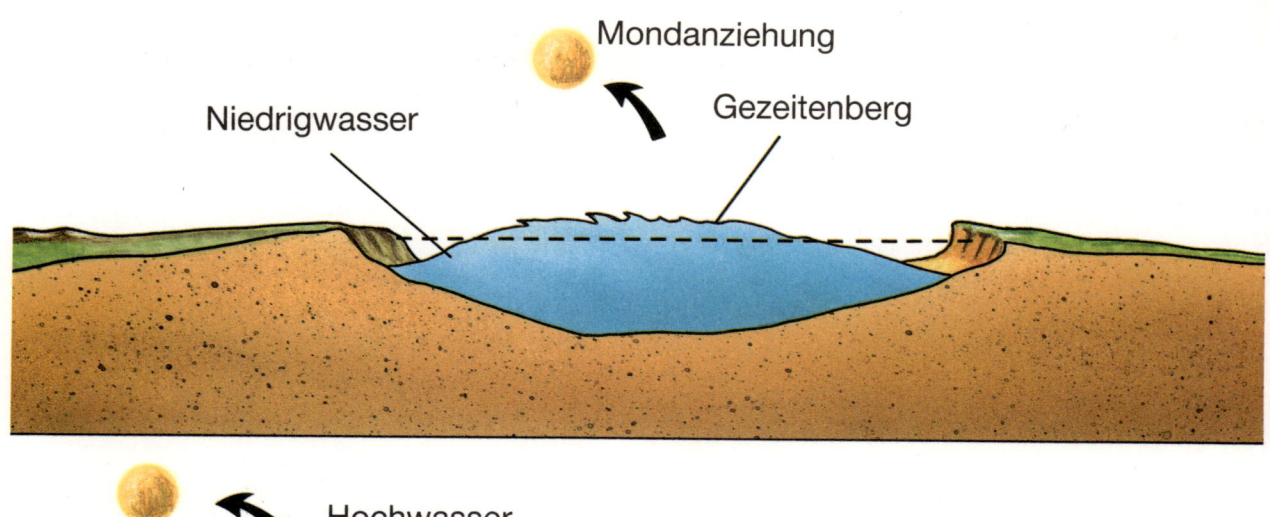

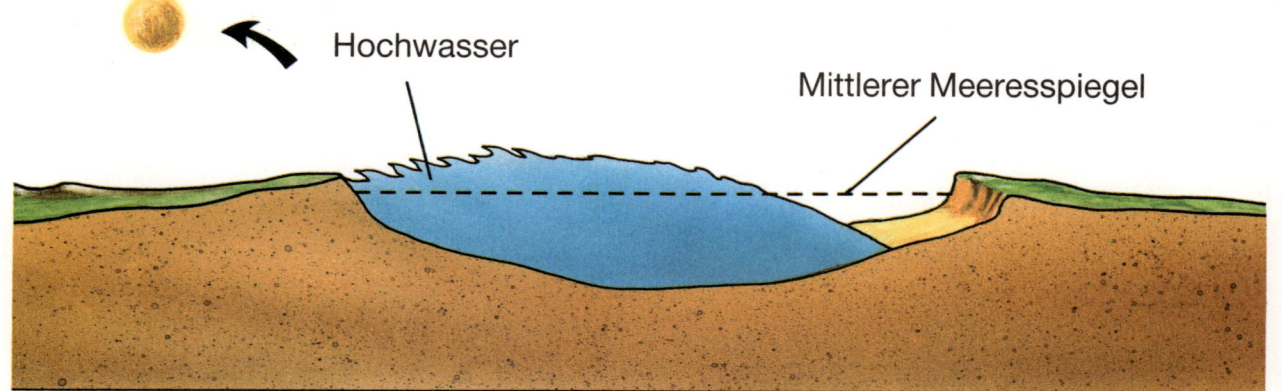

Hochwasser
Mittlerer Meeresspiegel

Der Gezeitenberg wandert dem Mond nach. (Schwarze Pfeile: Richtung der Mondanziehung)

Warum gibt es Ebbe und Flut? Das bewirkt der Mond, denn der zieht mit seiner *Schwerkraft* das Wasser auf der Erde sozusagen in die Höhe. Die Flut wandert dem Mond nach und läuft wie er in 24 Stunden einmal um die ganze Erde herum. Auf der mondabgewandten Seite bildet sich, wie zum Ausgleich, durch die *Fliehkraft* ebenfalls eine Flutwelle. Dieses Hinundherschwappen der ozeanischen Wassermassen bremst die Drehung (*Rotation*) der Erde ein klein wenig ab. In einer Million Jahren wird dadurch jeder Tag um eine Sekunde länger.

Der Höhenunterschied des Wassers (man nennt ihn auch den *Tidenhub*) ist meistens nicht sehr groß. In *Hamburg* steigt das Wasser nur um zwei Meter zwischen Ebbe und Flut. Nur in kleinen Meeresbuchten kann der Tidenhub bis zu 20 Meter hoch werden.

Eine besondere Auswirkung kann es allerdings haben, wenn der Mond genau zwischen der Sonne und der Erde steht. Da nämlich auch die Sonne, allerdings um 1/3 weniger als der Mond, mit ihrer Schwerkraft auf das Wasser wirkt, ziehen dann Sonne und Mond sozusagen an einem Strang. So kann die Flut besonders hoch werden; das nennt man dann *Springtide* oder *Springflut*.

Bewegt sich der Meeresboden? Bei einem Erdbeben laufen die Erschütterungswellen nicht nur an der Erdoberfläche entlang, sondern durch das Erdinnere hindurch. An vielen, ganz entfernten Stellen der Erde können sie dann gemessen und untersucht werden.

Dabei hat sich etwas Seltsames herausgestellt: Die Erde ist unter Wasser voller Risse. Ein solcher Riß zieht sich zum Beispiel von Nord nach Süd durch den *Atlantischen Ozean*. Der Meeresboden hängt also gar nicht richtig zusammen, sondern besteht aus mehreren *Platten*, die durch diese Risse getrennt sind. Diese Platten bewegen sich. Sie „schwimmen" auf einer flüssigeren Unterlage aus *Magma*. An einer Stelle werden die Risse breiter, so daß flüssiges Gestein aus der Tiefe heraufquillt und neuen Meeresboden bildet. An einer anderen Stelle bewegen sich die Platten aufeinander zu, stoßen zusammen, und eine Platte rutscht unter die andere. So entstehen tiefe Gräben im Meer, die *Tiefseegräben*. Oder die Platten gleiten reibend aneinander vorbei. Das geschieht zum Beispiel an der *kalifornischen Küste*. Diese Plattenbewegungen rufen große Erschütterungen in der Erdkruste hervor. Das dauernde Schieben und Zusammenstoßen verursacht immer wieder unterseeische Vulkanausbrüche und Erdbeben. Für *San Franzisko* zum Beispiel wird die nächste Erdbebenkatastrophe schon in den kommenden 10 bis 20 Jahren erwartet.

Ist der Meeresboden platt? Ganz und gar nicht. Durch jeden Ozean zieht sich von Norden nach Süden ein langes Gebirge, das genau an der Bruchlinie zweier Platten aus frischer Lava immer wieder neu entsteht. Man nennt diese Gebirge *Mittelozeanische Rücken*. Sie sind die längsten Gebirgsketten der Erde.

Es gibt unter Wasser also eine richtige Landschaft aus flachen Ebenen, hohen

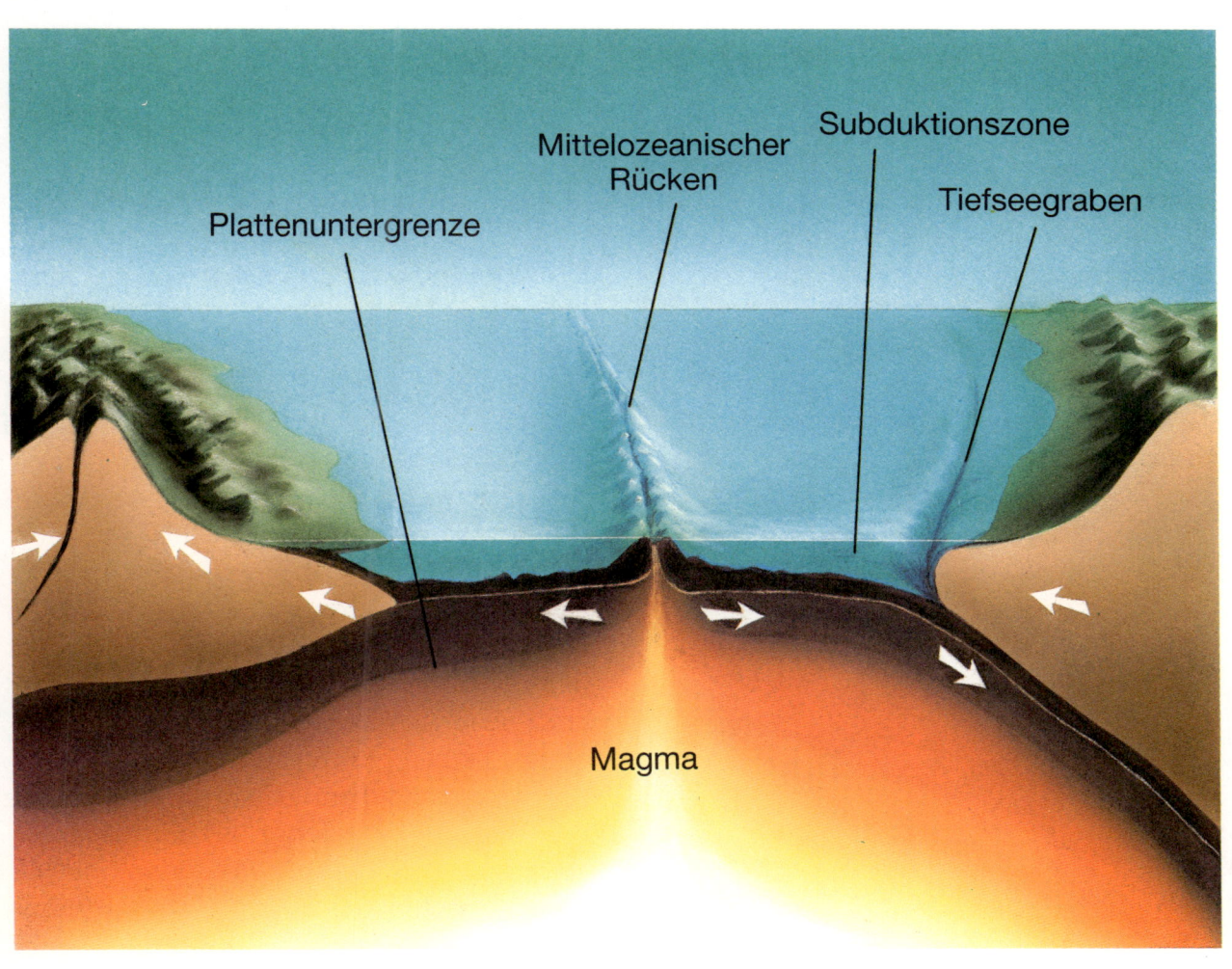

Der Querschnitt durch den Mittelozeanischen Rücken zeigt, wie die Plattenbewegung die Erdoberfläche umformt. (Weiße Pfeile: Richtung der Plattenbewegung)

und zum Teil aktiven Vulkanen, aus Gebirgszügen und langgestreckten Schluchten, voller Brüche, Risse und Spalten. Ständig sinken tote Meerestiere und Muscheln nach unten und bilden einen kompakten Bodenbelag, die sogenannte *Sedimentschicht*. Im Atlantik hat sie eine Dicke von einem Kilometer.

Im *südwestlichen Pazifik* hat der Meeresboden eine Beule und im Indischen Ozean eine Delle. Durch diese relativ kleinen Unregelmäßigkeiten verändert sich das Schwerefeld der Erde. Die Abweichung der Schwerkraft an den beiden Stellen brachte im Weltraum die Satelliten zum Taumeln.

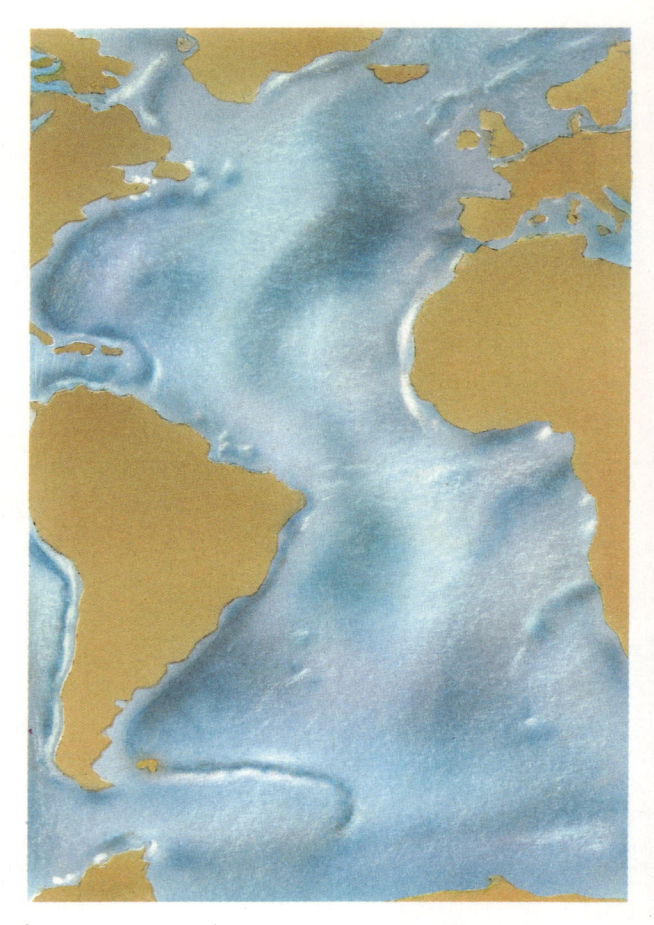

Was ist der Meeresspiegel? Wenn wir die Höhe eines Berges wissen wollen, dann berechnen wir sie normalerweise immer in Metern über der Oberfläche der Ozeane, das heißt über dem *Meeresspiegel*. Der Mount Everest zum Beispiel erhebt sich 8 848 Meter über dem Meer. Wir tun so, als wären die Ozeane, abgesehen von Ebbe und Flut, eine sauber definierte, ebene Fläche.

Das sind sie aber gar nicht. Herausgefunden hat man das 1978 mit dem Forschungssatelliten *Seasat*. Er hat auf der Wasseroberfläche sozusagen „Wasserhügel" und „Wassertäler" entdeckt, die bis zu zehn Meter hoch oder tief waren.

Die Aufnahme des Forschungssatelliten Seasat zeigt die Meeresoberfläche mit Wasserhügeln und Wassertälern.

Der Seasat ist ein Satellit zur Meeresforschung.

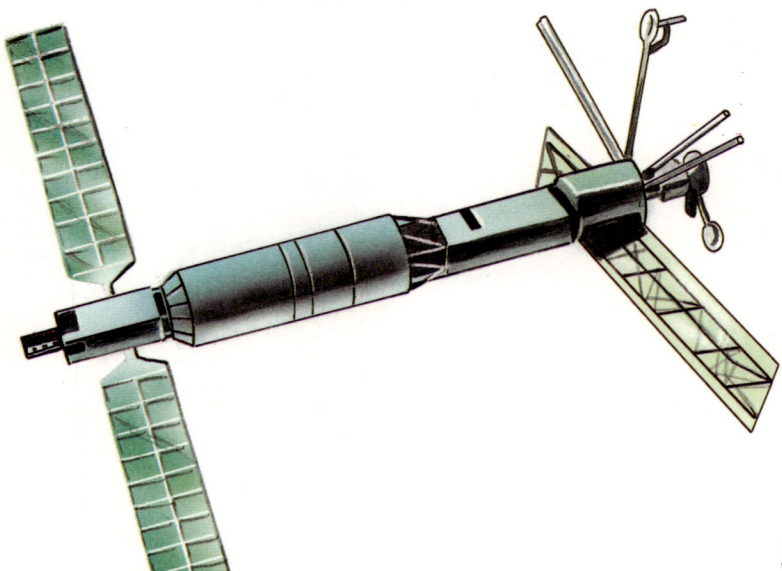

Von einem Schiff aus wäre es nicht möglich, diese Beobachtung zu machen. Die Täler und Hügel des Wassers sind nämlich viel zu weit und steigen viel zu sanft an. Außerdem ist die Wasseroberfläche ja immer von Wellen bewegt.

Wie nun entstehen diese Wasserberge? Wieder ist die Schwerkraft die Ursache. Sie ist nämlich nicht überall gleich stark. Wo das Gestein im Boden besonders dicht gepackt ist, zum Beispiel in einem riesigen Basaltgebirge, ist die Schwerkraft besonders hoch. Umgekehrt: Über einem Tiefseegraben, wo die Erdkruste also ein wenig dünner ist, da ist auch die Schwerkraft schwächer. So ein Basaltgebirge im Meeresboden zieht also über sich größere Wassermengen zusammen als ein tiefer Graben.

Wie bewegt sich das Meerwasser?

Bei Ebbe und Flut und bei jeder Welle bewegt sich, wenn man genau hinschaut, das Wasser immer nur auf und ab, und selbst das nur an der Oberfläche. Das Wasser fließt aber in gewaltigen *Meeresströmungen* auch seitlich hin und her.

Fortwährend drehen sich riesige Strudel im Wasser, manchmal mit 240 Kilometer Durchmesser. Es sind sogenannte *Ringe* aus Wasser, die im Zentrum eine höhere Temperatur haben als an ihrem Rand. Sie ziehen oft monatelang über weite Entfernungen durch die Ozeane, lösen sich auf und bilden sich wieder neu. Wichtiger für unser Klima sind aber die großen Strömungen, die wie breite Flüsse das Meerwasser durchziehen. Jeder Ozean hat seine typischen Strömungen, die immer im Kreis laufen. Die bekannteste ist der *Golfstrom*. Er läuft an der Karibik und der Küste der *USA* vorbei, überquert den ganzen Atlantik, kommt zu uns nach Europa und kehrt an der Küste Afrikas wieder um. Der Golfstrom ist eine gigantische Heizanlage. Er ist nämlich wärmer als der ihn umgebende Atlantik. Auf seinem Weg nach Westen nimmt er soviel Wärme auf, daß auch später, wenn er zurück nach Osten fließt, für uns in *Europa* noch etwas übrig ist. Unser Klima wird deshalb nie so rauh und eiskalt, wie es in *Sibirien* ist.

Die Seeleute haben den Golfstrom wegen seiner starken Strömung nicht besonders gern. An seiner schnellsten Stelle, vor *Florida*, kann er ein Boot an einem einzigen Tag 160 Kilometer weit nach Norden abtreiben.

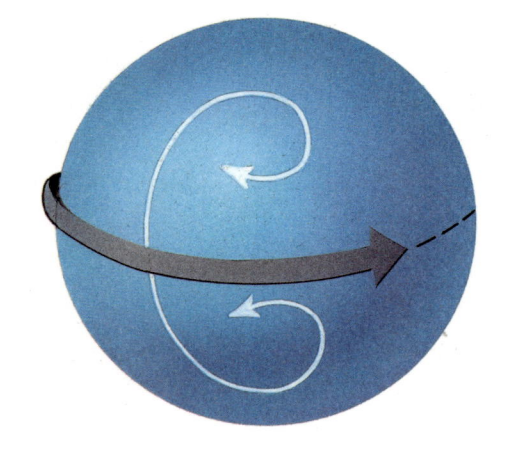

Die Erdrotation lenkt die Oberflächenbewegungen des Meeres zu Wirbelströmungen um.

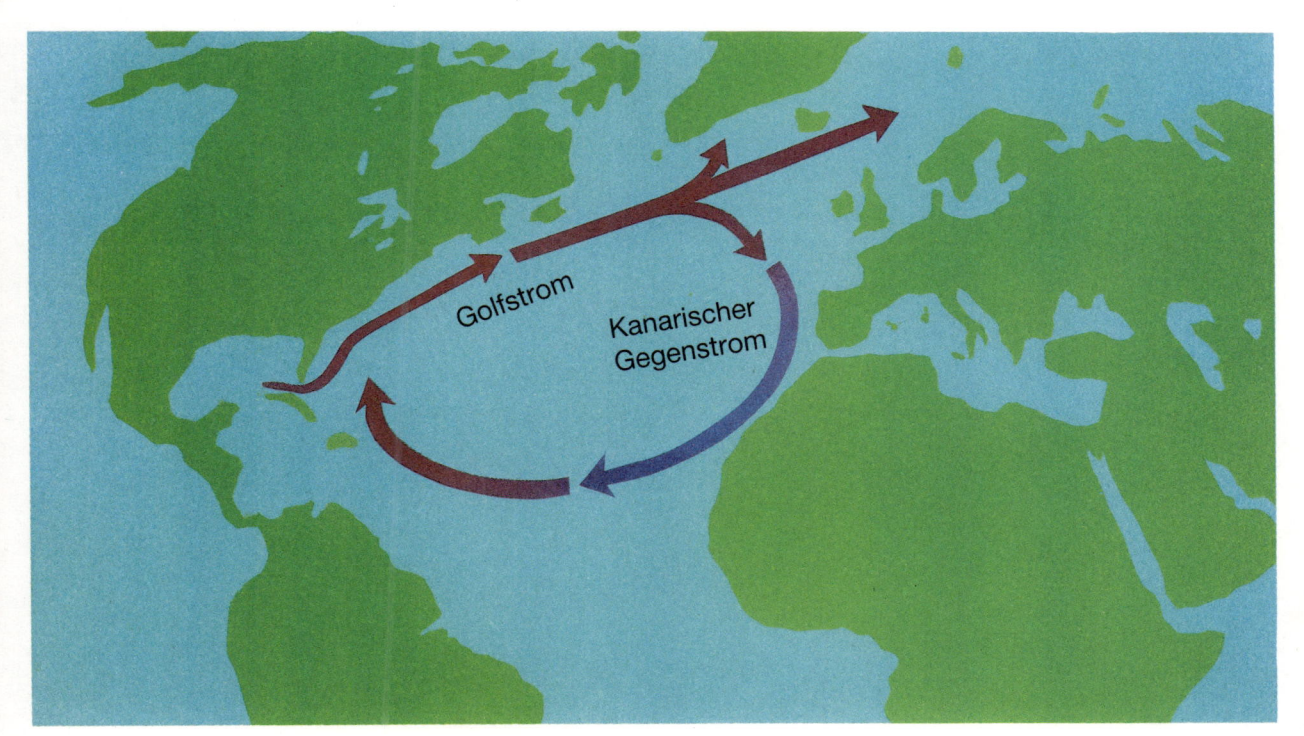

Der Golfstrom, die bekannteste Meeresströmung, wirkt wie eine gigantische Heizanlage.

Wie entsteht Treibeis?

Um die Pole herum ist es kälter, weil dort die Sonne nie direkt von oben scheinen kann. Auf den Meeren bilden sich deshalb in der Nähe der *Polarzonen* ständig kleine Eiskristalle auf dem Wasser. Sie wachsen zu Eisschollen und fügen sich allmählich zu großen Platten zusammen. Die kleinsten dieser Platten haben zehn Meter, die größten acht Kilometer Durchmesser. Das ist das *Treibeis*. Der scharfe Wind schiebt es dann zu gewaltigen Haufen und ganzen Gebirgen zusammen. So entsteht das *Packeis*.

Was sind Eisberge?

Eisberge sind abgebrochene Polargletscher. Da ein Gletscher aus dichtgefrorenem Schnee besteht, ist im Eisberg, anders als im Meer, das ihn umgibt, auch kein Salz. So ein Eisberg ist ein Riesenbrocken. Er ragt bis zu über 100 Meter, 15 Stockwerke hoch, aus dem Wasser heraus, aber seine Hauptmasse liegt versteckt unter der Oberfläche, und zwar bis zu 400 Meter tief. Der *Titanic*, die als unsinkbares Passagierschiff galt, wurde auf ihrer ersten Fahrt im Jahre 1912 ein relativ kleiner Eisberg zum Verhängnis: Er riß unter Wasser ein langes Loch in den Rumpf, und mit 1500 Menschen versank das stolze Schiff in der Tiefe. Erst vor einigen Jahren hat man das Wrack wiedergefunden.

Die Eisberge, sagt man, sind die größten Süßwasservorräte der Menschheit. Aber damit kann niemand etwas anfangen. Wenn man einen schwimmenden Eisberg nach Afrika bringen würde, um Trinkwasser daraus zu machen, würde er auf der langen Reise einfach wegschmelzen.

Die Hauptmasse eines Eisbergs liegt versteckt unter der Wasseroberfläche.

Temperaturpole

Den Ort, wo man die bisher niedrigste Temperatur gemessen hat, nennt man *Kältepol*. Der Kältepol der Erde liegt in der *Ostantarktis*. Dort hat die sowjetische Station *Wostok* am 24. August 1960 die Rekordkälte von 88,3 Grad Celsius gemessen (nur direkt am Südpol war es einmal mit 94,5 Grad noch eisiger). Der *Wärmepol* der Erde befindet sich in der *Libyschen Wüste*, mit einer Rekordhitze von 57,8 Grad am 13. September 1922.

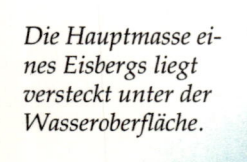

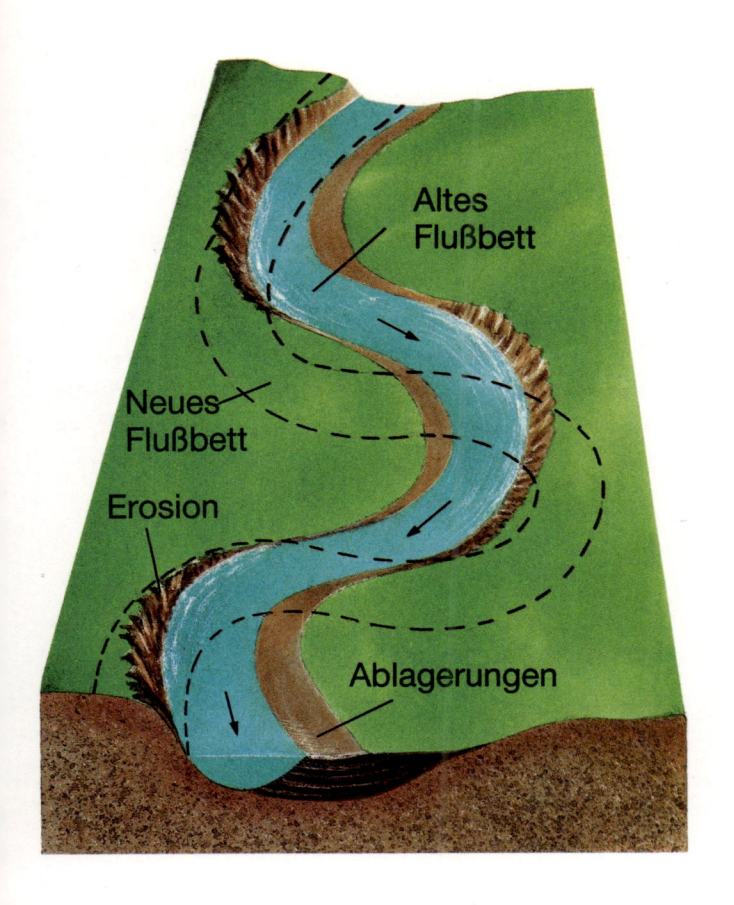

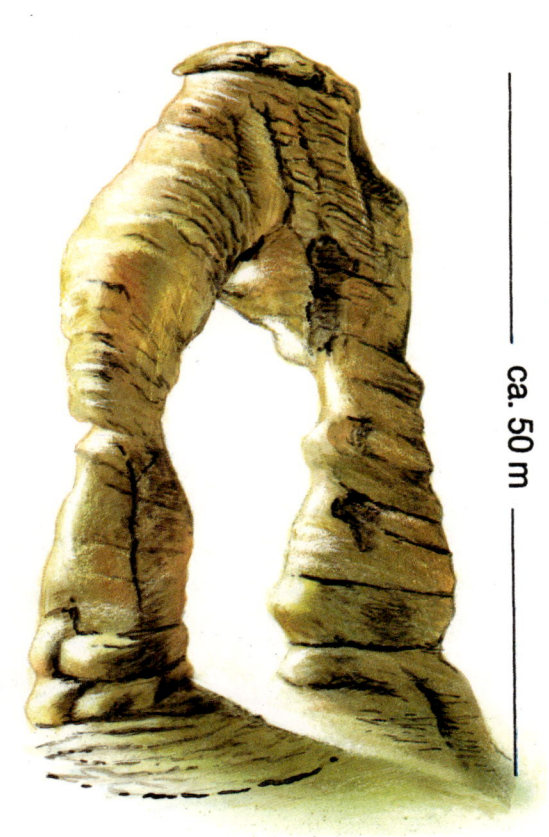

Links: Die Form des Flußbettes verändert sich durch die Strömung, die an der Außenseite der Windungen Land fortspült und an der Innenseite Sand und Schlamm ablagert.

Rechts: Von einem Fluß geformter und ausgewaschener Felsbogen in Utah, USA

ca. 50 m

Wie verändern die Flüsse die Erdoberfläche?

Flüsse leisten eine gewaltige Arbeit. Sehr, sehr langsam, aber unaufhörlich und seit Jahrmillionen verändern sie die Oberfläche unserer Erde.

Einerseits kratzen sie wie mit einer Feile an der Erde herum. Sie feilen an ihrem Flußbett winzige Biegungen aus, in einem Zeitraum von Jahrmillionen aber auch Gebirgsschluchten und tiefe *Canõns*. Manchmal bricht das Flußbett viele Meter tief nach unten weg. Dann stürzt sich der Fluß in einem hohen *Wasserfall* in die Tiefe. So ein Wasserfall kann sogar flußaufwärts wandern, wenn immer wieder neue Erd- und Felsbrocken von ihm abbrechen. Die *Niagarafälle* in den USA zum Beispiel hat sich auf solche Weise seit der Urzeit der Erde immer weiter landeinwärts gefressen. Die Arbeit der Flüsse, bei der sie etwas von der Oberfläche der Erde wegnehmen, heißt *Erosion*.

Andererseits schleppen die Flüsse aber auch durch die Strömung auf ihrem Grund gewaltige Mengen Erosionsmaterial, also Sand und kleine Steine, mit sich. Wenn sich die Strömung einmal verlangsamt, können sie diese Last ablagern. Die Ablagerungen können mit der Zeit so stark werden, daß sie den Lauf eines Flusses verändern. Das passiert besonders an der Mündung ins Meer, wo der Fluß besonders langsam fließt. Da verzweigt er sich oft in viele Mündungsarme, die zusammen ein sogenanntes *Delta* bilden. Ein Mündungsdelta wächst immer weiter ins Meer hinaus. Beim *Nildelta* kann man das genau beobachten: Es ist ein richtiger kleiner Buckel auf der Küstenlinie. Das größte Flußdelta hat der *Ganges* in *Indien*. Es bedeckt über 80 000 Quadratkilometer. Der *Hwangho* in China hat seine Mündung in einem einzigen Jahr (1852) sogar 500 Kilometer weit ins Meer vorgeschoben.

Wo ist die größte Kläranlage?

Jede Sekunde verdampft auf der Erde durch die Einwirkung der Sonne die Riesenmenge von 12 Milliarden Tonnen Wasser, steigt in die Atmosphäre und verwandelt sich in Wolken. Daraus fällt Regenwasser herab und sickert durch den Boden wie durch einen feinen Filter. Wenn es auf eine undurchlässige Gesteinsschicht stößt, bildet sich sozusagen ein unterirdischer See: das *Grundwasser*. Das Grundwasser ist unter der Erde immer in langsamer Bewegung. Es fließt weiter, kommt zum nächsten undurchlässigen Gestein und sammelt sich dort wieder zu einer Wasserschicht. Das Grundwasser liegt also nicht in Adern, sondern in *Stockwerken* unter der Erde. Von dort holen es sich die Menschen durch Brunnen als *Trinkwasser* heraus.

Jeder Mensch braucht täglich 2,5 Liter Trinkwasser, um zu leben. Zum Waschen und Kochen verbraucht er täglich fast 200 Liter. Du mußt aber auch wissen, daß man Zehntausende von Litern Wasser braucht, um ein einziges Pfund Rindfleisch auf den Tisch zu bringen, und 400 000 Liter, um ein einziges Auto zu produzieren. So gerechnet, verbraucht jeder Europäer ungefähr 7 000 Liter Wasser pro Tag. Auch du.

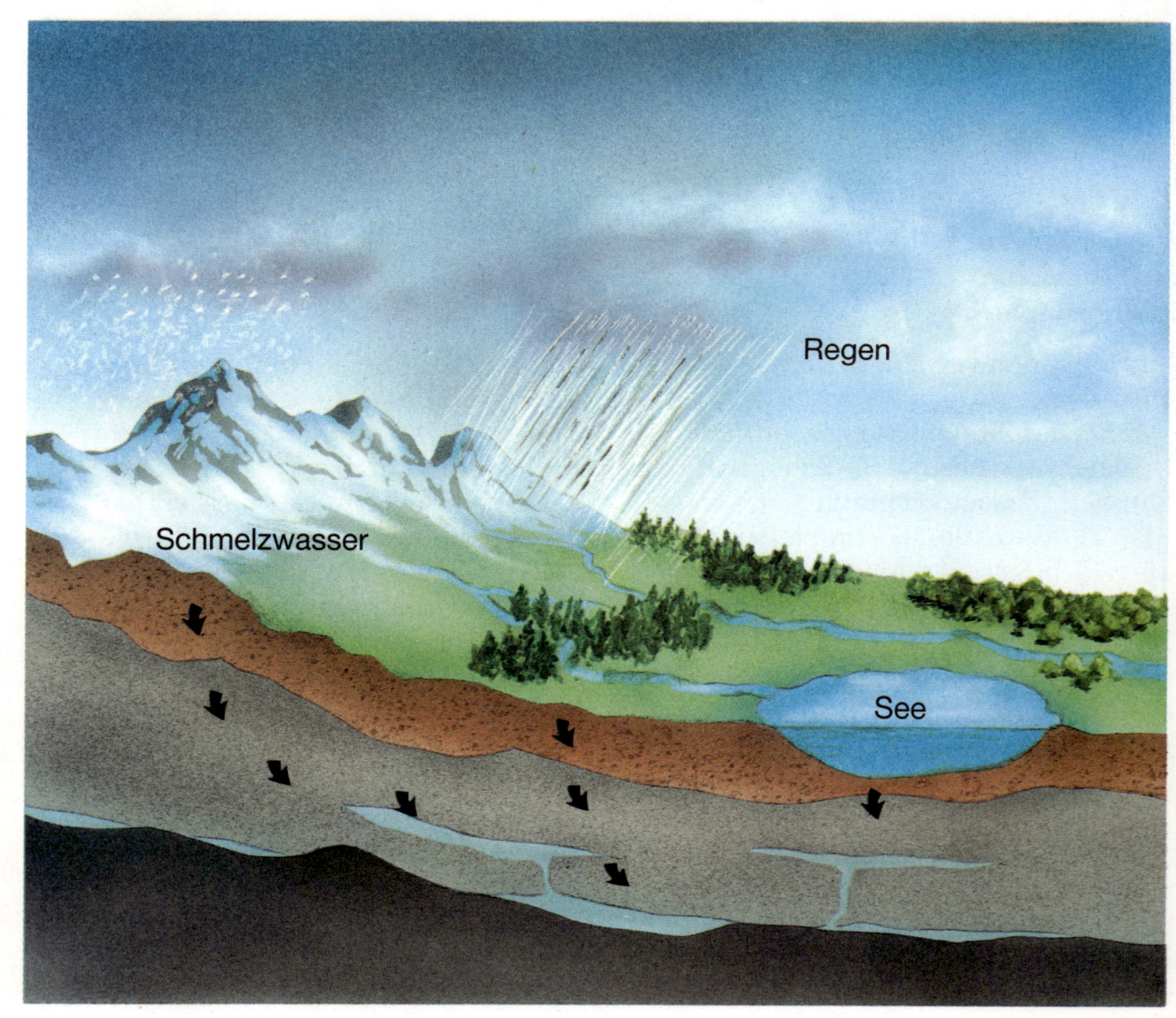

Aus Schmelzwasser, Regen, Flüssen und Seen entsteht Grundwasser. Es wandert durch den durchlässigen Mutterboden in immer undurchlässigere Schichten. Der Anteil des Grundwassers am gesamten Wasser auf der Erde beträgt ca. 0,6%; das sind ca. 37 Mio. Kubikkilometer.

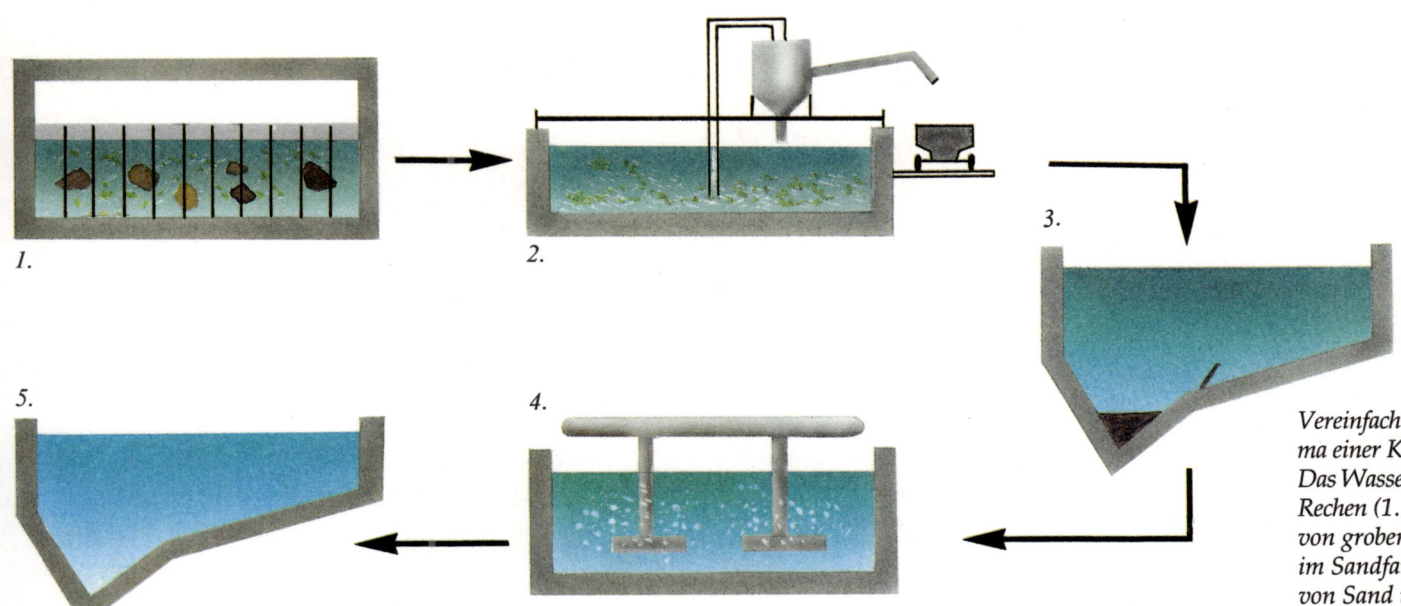

Vereinfachtes Schema einer Kläranlage: Das Wasser wird am Rechen (1.) von groben Stoffen, im Sandfang (2.) von Sand und Kies gereinigt. Im Vorklärbecken (3.) wird das Wasser vom Schlamm getrennt. Im Belebungsbecken (4.) erfolgt mit Druckluft (Sauerstoff) die biologische Reinigung. Schließlich gelangt das Wasser ins Nachklärbecken (5.).

Wie sauber ist unser Wasser? Die Abwässer der großen Industriestädte werden heute nicht mehr, wie vor hundert Jahren, einfach in den Fluß geleitet, sondern laufen durch eine *Kläranlage*. Darin wird ein großer Teil der *Schadstoffe* herausgefiltert oder, in einer modernen biologischen Kläranlage, von Bakterien „gefressen". Vielleicht können dann sogar im *Rhein* bald wieder ungefährdet Fische leben. Auch die *Elbe* ist ein bißchen sauberer geworden. Früher schwammen darin jährlich 25 000 Tonnen giftiges *Quecksilber*. Heute sind es nur noch 6 000 Tonnen. Trotzdem ist ein Drittel aller 312 europäischen Meeresstrände mit Schwermetallen wie *Zink*, *Kadmium* und *Blei* verschmutzt.

In der *Nordsee* werden auf dem offenen Meer jedes Jahr 100 000 Tonnen *Giftmüll* einfach verbrannt.

Wieviel Öl ist im Meer? Sicher bist du schon mal am Strand auf eine weiche schwarze Masse getreten, die nachher kaum noch von den Füßen runterging. Das sind Teerfladen, angeschwemmte Ölreste von den Schiffen, die draußen auf dem Meer vorbeiziehen. Das Mittelmeer ist beim Teergehalt absolute Weltspitze: Auf je zehn Quadratmetern Wasseroberfläche schwimmen fünf Gramm davon herum. Es schwappt aber noch viel mehr Öl ins Meer. Es kommt nicht bloß durch Tankerkatastrophen da hinein, das wäre schon schlimm genug. Nein: Es ist oftmals gar nicht verboten, daß Öl ins Meer abgelassen wird. Ein Erdöltanker darf nämlich seine leeren Tanks auf hoher See einfach auswaschen und das ölhaltige Abwasser ins Meer zurückleiten. Die Erdölbohrinseln in der Nähe der Küsten, besonders der Nordsee, machen es ähnlich. Zusätzlich wird auch noch sonstiges Restöl aus Tankern und anderen Schiffen ins Meer gespült. Das ist zwar nicht mehr erlaubt, aber die Strafe, die dafür gezahlt werden muß, ist immer noch billiger als die Entsorgung als *Sondermüll*.

In die Ozeane der Welt fließen dadurch jedes Jahr weit über drei Millionen Tonnen Öl. Das ist ungefähr soviel wie 75 Tankerkatastrophen von der Größe des Unglücks, das mit der *Exxon Valdez* geschah (bei diesem Schiffsunglück am 24. März 1989 vor *Alaska* liefen 40 000 Tonnen Öl in den Pazifik).

Was ist der empfindlichste Teil der Erde?

Die kleinste Veränderung auf der Erde hat in der Atmosphäre unvorstellbare Konsequenzen. Eine nur geringe Abweichung der Wind- und Wasserströme oder eine kaum spürbare Temperaturerhöhung bringt das Polareis zum Schmelzen, macht aus einer blühenden Landschaft eine Wüste oder – im Gegenteil – schiebt das Polareis wieder nach Europa vor.

In der Geschichte der Erde hat es das immer wieder gegeben. Als vor tausend Jahren der Wikinger *Erich der Rote* nach Westen fuhr, kam er an eine fruchtbare Insel, die er um das Jahr 982 „grünes Land" nannte. Die Insel heißt heute noch so, nämlich *Grönland*. Nur hat Grönland heute ein ganz anderes Klima, denn die Temperatur ist stark zurückgegangen.

Die Atmosphäre ist tatsächlich der sensibelste Teil der ganzen Erde. Sie reagiert höchst empfindlich auf alles, was täglich auf der Erde geschieht.

Man sagt, nur halb im Scherz: Wenn ein Schmetterling auf dem Himalaja mit den Flügeln schlägt, kann daraus über Florida ein *Tornado* werden.

Während der letzten Eiszeit, die bis vor ca. 18 000 Jahren dauerte, waren weite Teile Europas vom Polareis bedeckt.

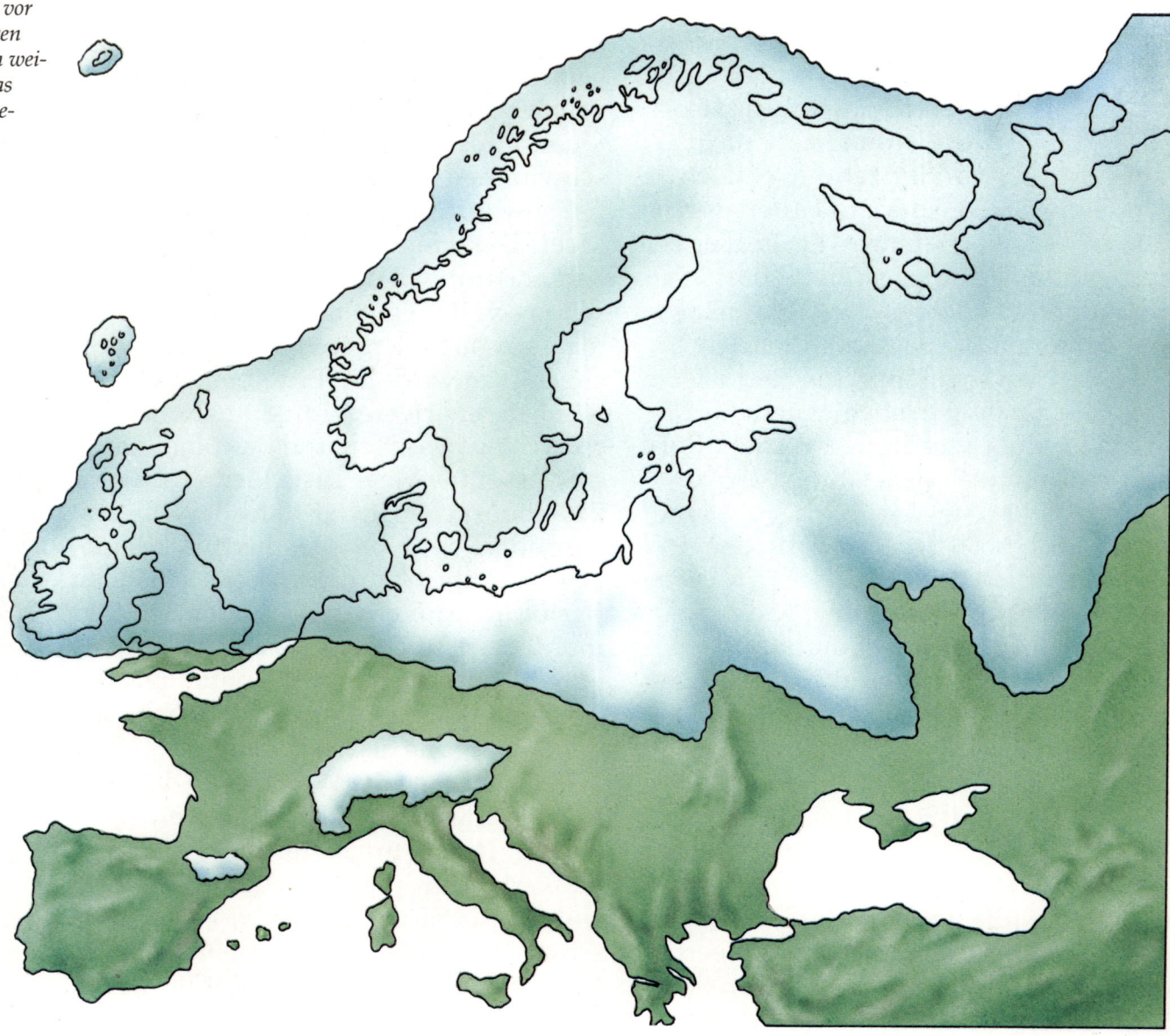

Wie schwer ist die Luft?

Normalerweise spürt man die Luft nicht, höchstens als Gegenwind auf dem Fahrrad. Aber auch die Luft hat, obwohl ihre *Atome* und *Moleküle* so unmerklich fein verteilt sind, ihr Gewicht. Es kann sogar gemessen werden. Das nennen wir dann *Luftdruck*.

Der Luftdruck, der auf der Fläche eines Fingernagels lastet, ist ziemlich genau ein Kilo schwer (man merkt das nur deshalb nicht, weil die Luft von allen Seiten auf den Körper drückt).

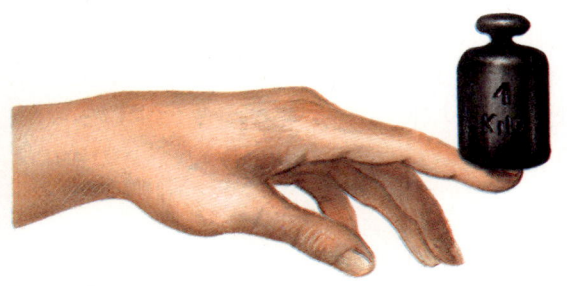

Der Luftdruck: 1 Kilogramm pro Quadratzentimeter

Aus welchen Schichten besteht die Atmosphäre?

Die Atmosphäre liegt in mehreren Schichten um die Erde herum. Die Etage direkt über uns, bis in 12 Kilometer Höhe, nennt man *Troposphäre*. Die Troposphäre ist eine einzige Klimamaschine, hier spielen sich alle Wolkenbildungen, Stürme, Gewitter und Regenfälle ab, also unser gesamtes Wetter. Deshalb fliegen Flugzeuge lieber in großer Höhe, wo es ruhiger zugeht. Über der Troposphäre liegen weitere Schichten: die *Stratosphäre* bis 50 Kilometer, die *Mesosphäre* bis 80 Kilometer und die *Thermosphäre* bis 500 Kilometer. In der Troposphäre kann es ziemlich kalt werden, bis zu −90 Grad. Erst in der Thermosphäre (deshalb heißt sie ja auch so) steigt die Temperatur plötzlich steil an: In 500 Kilometern Höhe ist es mit 2000 Grad so heiß wie in einem Gasofen.

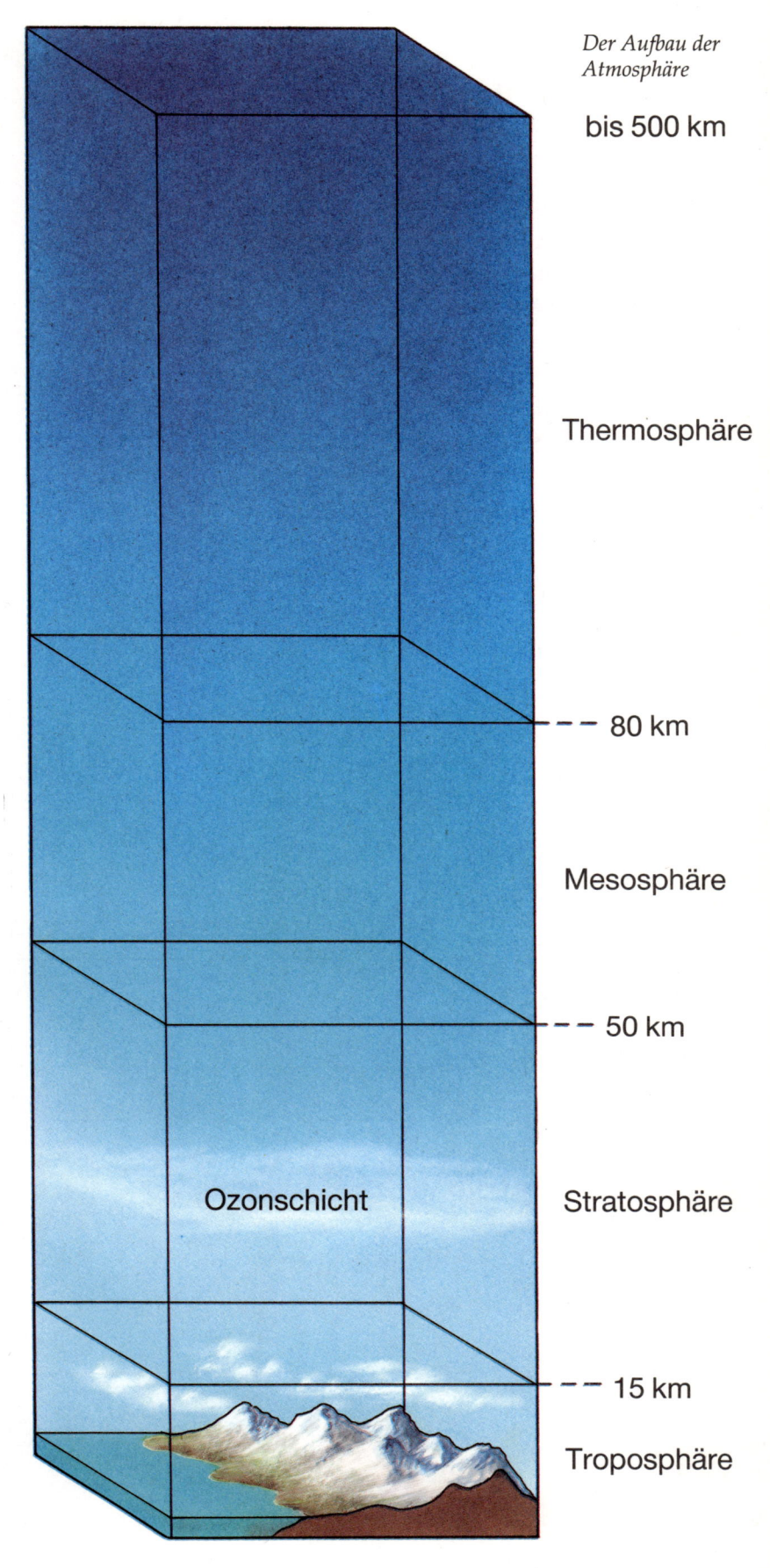

Der Aufbau der Atmosphäre

bis 500 km

Thermosphäre

80 km

Mesosphäre

50 km

Ozonschicht

Stratosphäre

15 km

Troposphäre

Woher weht der Wind?

„Aus wechselnden Richtungen", sagt der Wetterbericht oft, weil die Windrichtung einfach nicht genauer vorhergesagt werden kann.

Warum weht der Wind überhaupt? Aus zwei Gründen. Erstens, weil die Erde sich dreht. Sie dreht sich mit ca. 1600 Stundenkilometern schneller, als ihre Lufthülle nachkommt. Unten auf der Erde empfinden wir das dann als Wind und Sturm. Und zweitens weht der Wind, weil die Luft nicht überall gleich warm ist. Heiße Luft, schon die Luft über einer Kerze, ist leicht und steigt nach oben, die kalte, schwerere Luft dagegen sinkt nach unten. Die Luft bewegt sich also in zwei Richtungen. Einmal *horizontal* durch die Erddrehung und dann *vertikal* durch die Temperaturunterschiede. Das ergibt komplizierte Strömungen und Wirbel.

Die Lufttemperatur auf der Erde wird durch viele Einflüsse ständig verändert. Die Sonne erhitzt die Luft, die Meere kühlen sie ab oder erwärmen sie, je nach der Wassertemperatur. Über den eisbedeckten Polen ist die Luft sehr kalt, über der *Sahara* sehr heiß. Landmassen kühlen sie über Nacht ab und heizen sie am Tag auf. Große Wassermassen tun dasselbe, aber viel langsamer. Über dem Eis ist die Luft schwer und trocken, in den tropischen Regenwäldern ist sie warm und feucht. Und so weiter. Die Winde, die so entstehen – und damit das Wetter auf der Erde –, sind ein unendliches Puzzle, das nicht einmal die schnellsten Computer richtig zusammenlegen können.

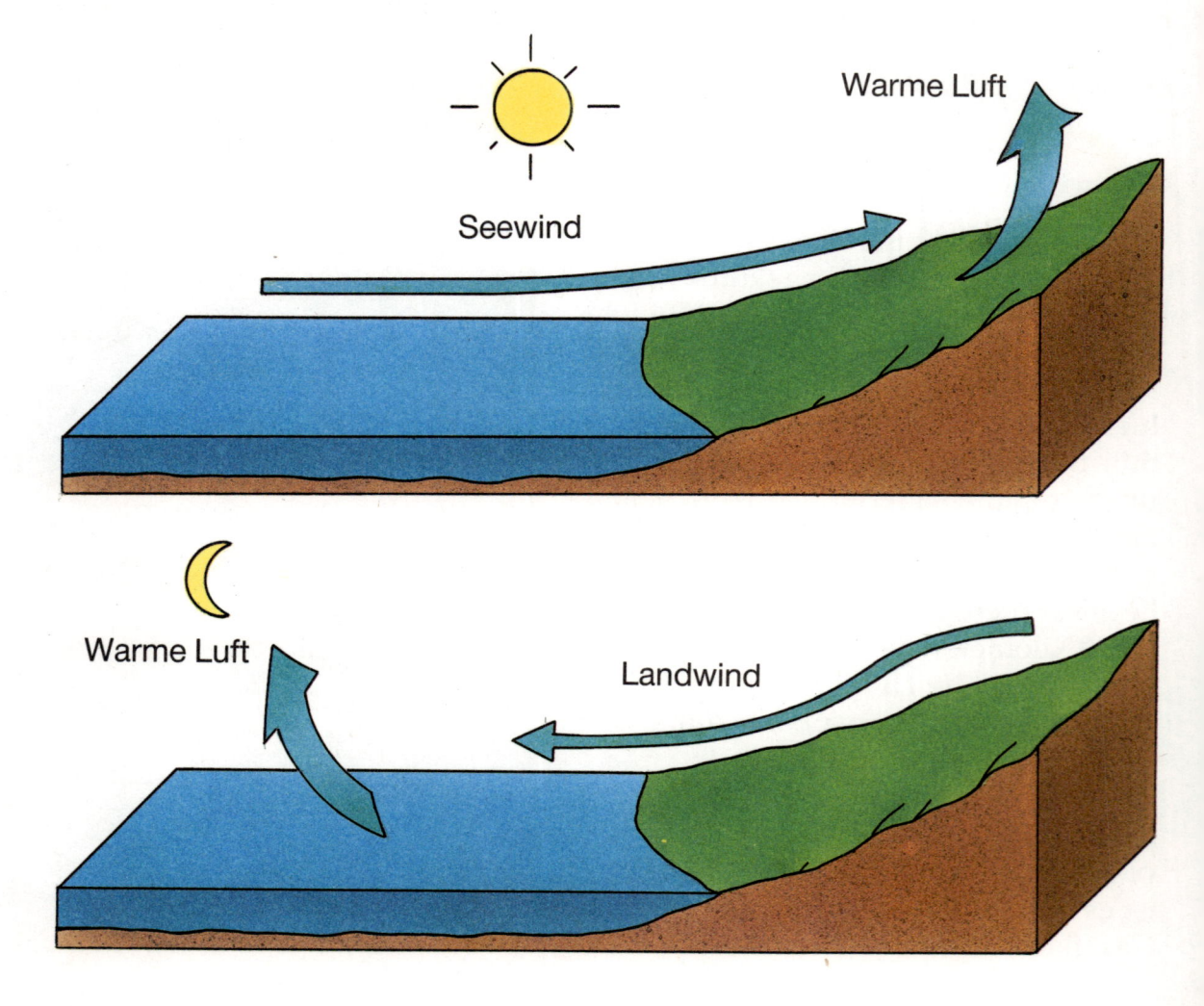

Am Tag steigt die warme Luft über dem Land nach oben, kältere Luft fließt vom Meer nach.
Nachts ist die Luft über dem Meer wärmer, sie steigt hoch, und die kältere Landluft dringt aufs Meer hinaus.

Die Klimazonen der Erde

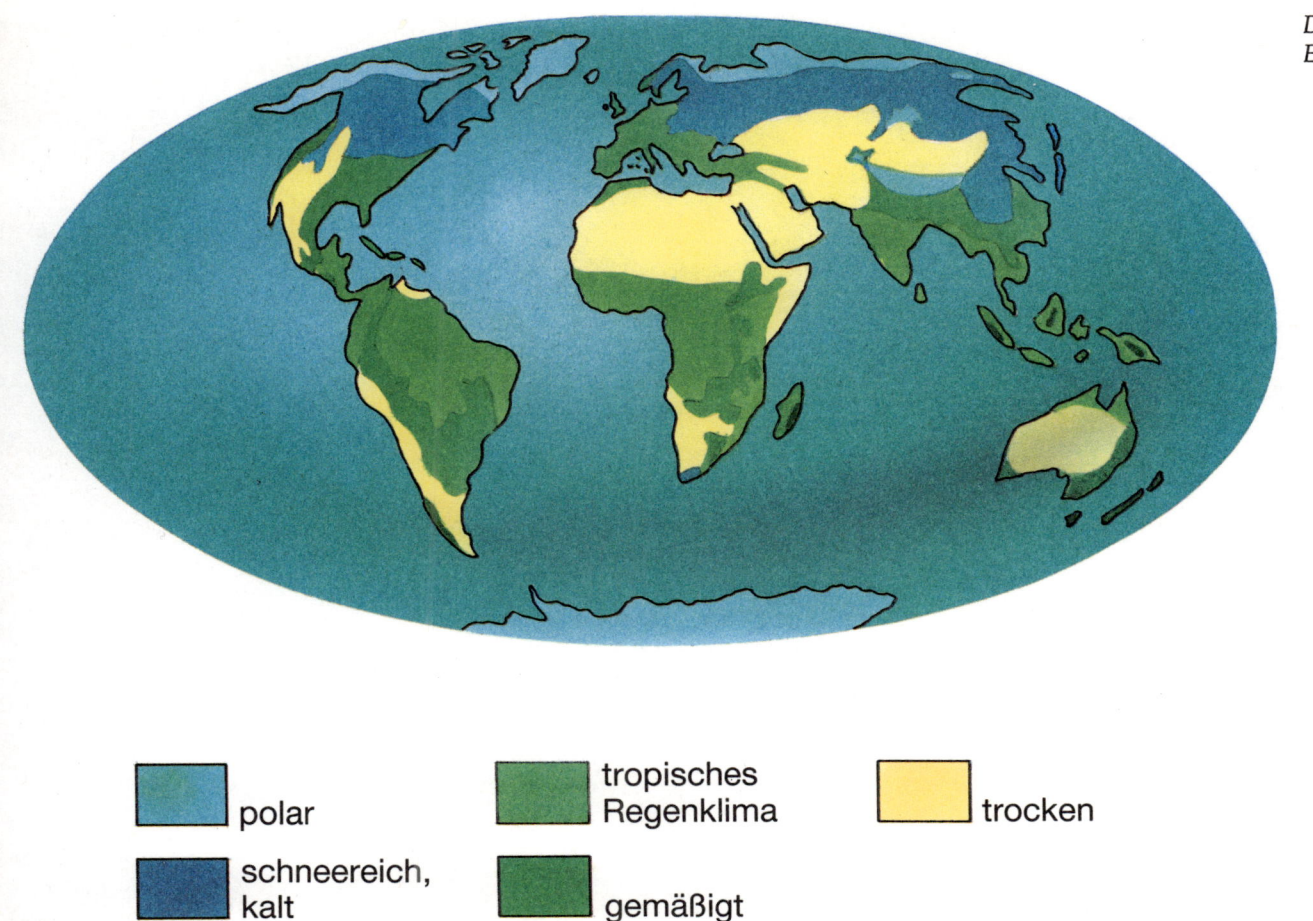

□ polar
□ schneereich, kalt
□ tropisches Regenklima
□ gemäßigt
□ trocken

Wie wird das Wetter zum Klima?

Wetter nennen wir einen kurzen und nur lokalen Zustand der Atmosphäre (wir sagen etwa: „Wie war das Wetter im Urlaub?"). Von *Klima* sprechen wir dann, wenn wir von großen Teilen der Erde sprechen und von etwas, was typisch und fast immer gleich ist.

Man kann die Erde in ziemlich genaue *Klimazonen* einteilen. Um die Mitte der Erdkugel herum, sozusagen um ihren Bauch, kann man sich eine Linie denken, wie einen *Gürtel* (das Wort *Zone* kommt aus dem Lateinischen und bedeutet „Gürtel"). Diese Bauchlinie heißt *Äquator*. Dort scheint die Sonne am steilsten auf die Erde herunter, und deshalb ist es dort auch am heißesten. Die Klimazone am Äquator nennt man die *Tropen*, sie hat *tropisches Regenwaldklima*. Zum Süd- und zum Nordpol hin, also nach oben und unten, schließen sich je vier weitere Klimazonen an. Zuerst kommt eine Zone mit *Trockenklima* (darin liegt zum Beispiel die Sahara), dann eine *gemäßigte Zone* (in der Europa liegt), eine Zone mit *Schnee-Wald-Klima* (etwa die sibirischen und kanadischen Wälder) und ganz oben schließlich die Pole mit ihrem eisigen *Schneeklima*.

Die Klimazonen, wie überhaupt die Atmosphäre und ihre Schichten, sind miteinander in einem delikaten Gleichgewicht. Das heißt, sie bleiben seit einigen zehntausend Jahren im großen und ganzen so, wie sie sind. Nur der Mensch kann dieses Gleichgewicht mutwillig zerstören. Etwa durch den Raubbau an den tropischen Regenwäldern.

1. CH$_4$ (Methan) entsteht bei Viehzucht.
2. CO$_2$ (Kohlendioxid) und FCKW (Fluorchlorkohlenwasserstoff) werden von Privathaushalten, der Industrie und vom Autoverkehr abgegeben.
3. Bei Brandrodung und Vulkanausbrüchen werden N$_2$O (Lachgas) und CO (Kohlenmonoxid) frei.

Durch diese Spurengase, die heute vom Menschen in die Atmosphäre eingebracht werden, entsteht der sogenannte Treibhauseffekt. Das FCKW, das weiter in die Atmosphäre gelangt, zerstört die Ozonschicht.

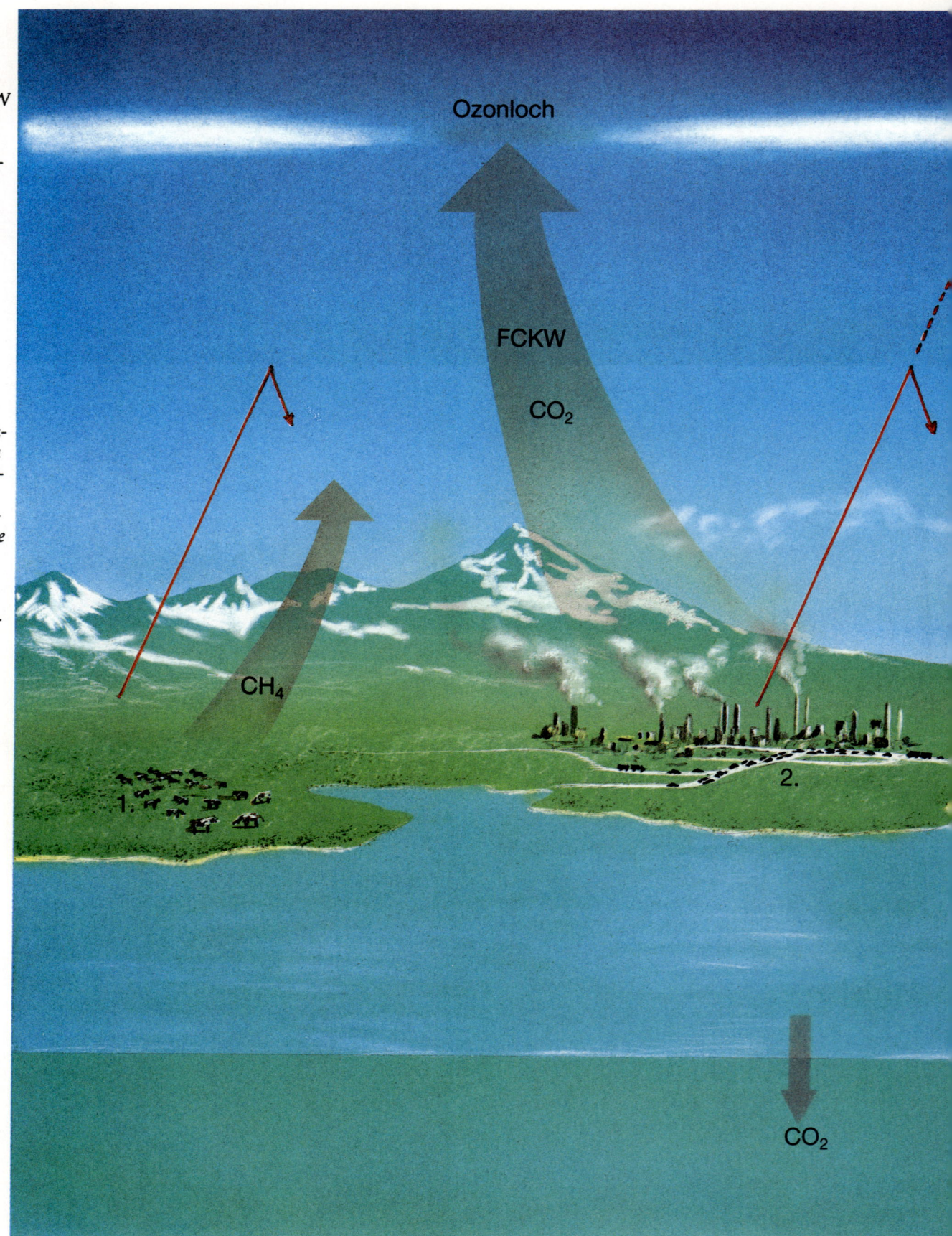

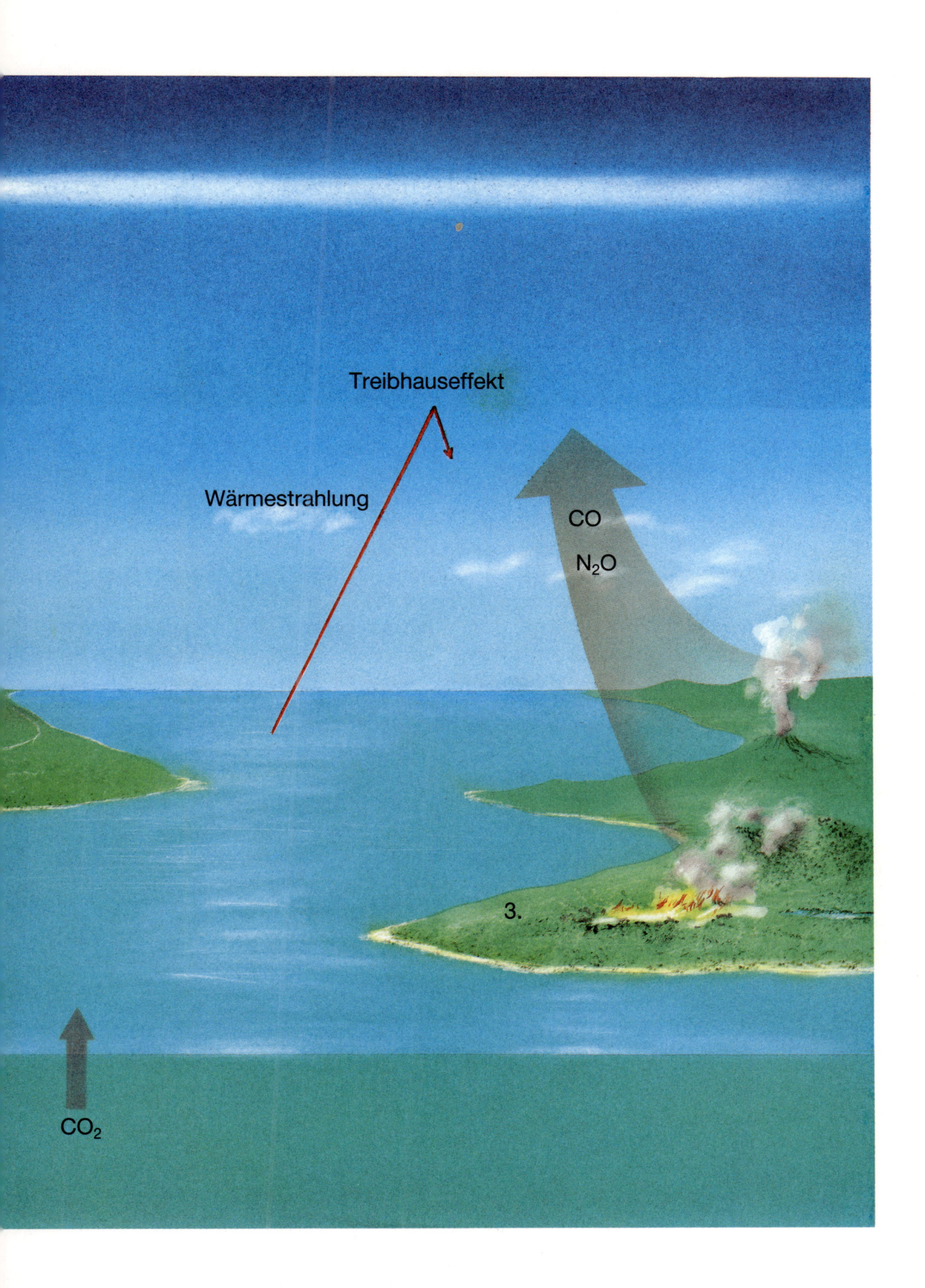

Treibhauseffekt

Wärmestrahlung

CO
N_2O

3.

CO_2

Was ist das Ozonloch?

Um die ganze Erde herum liegt hoch oben in der Atmosphäre eine dichte *Ozonschicht*. *Ozon* ist ein Gas, das aus Sauerstoff besteht. Die Ozonschicht wirkt wie ein Filter, der verhindert, daß die ultraviolette Strahlung der Sonne mit ihrer ganzen Wucht auf die Erde prallt. Die Ozonschicht ist in den letzten zwanzig Jahren immer dünner geworden, sie reißt jetzt von Zeit zu Zeit auf, und zwar genau über dem Süd- und über dem Nordpol. Was dabei herauskommt, hast du sicher schon mal gehört: das *Ozonloch*. 90 Prozent des Ozons sind dann einfach verschwunden. Durch die insgesamt dünnere Ozonschicht schlagen nun die ultravioletten Strahlen aber überall auf der Erde kräftiger durch. Auch schädigen sie die Samen wichtiger Nahrungspflanzen. Sie verursachen Hautkrebs und andere Zellschäden. Als direkte Folge des Ozonlochs ist es möglich, so haben Wissenschaftler errechnet, daß allein auf der nördlichen Halbkugel in den nächsten 50 Jahren eine halbe Million Menschen sterben wird. Und deshalb ist in Neuseeland heute schon zu bestimmten Jahreszeiten das Baden verboten.

Was wird gegen das Ozonloch unternommen?

Jeder Mensch weiß seit langem, daß das Ozonloch vor allem durch die Treibgase aus Spraydosen (chemisch: *Fluorchlorkohlenwasserstoff, FCKW*) immer größer wird. Trotzdem darf FCKW noch bis 1995 produziert werden. Nur nicht mehr in Spraydosen. Immerhin ist dadurch wenigstens in Europa der FCKW-Verbrauch etwas zurückgegangen. Bis zum Jahr 2000 haben sich alle Industriestaaten vorgenommen, überhaupt kein FCKW mehr herzustellen. Aber in China fängt die Produktion jetzt erst richtig an.

Bekommen wir noch Luft?

Das schon, aber fast nur noch schmutzige. Die Atmosphäre ist heute völlig aus dem Gleichgewicht.

Das Kohlendioxid (CO_2), ein Gas in der Luft, brauchen die Pflanzen für die Photosynthese und die ganze Welt als Wärmeschutz. Seit der Mensch auf der Erde ist, steigt aber immer mehr CO_2 in die Luft. Es entsteht bei jeder Verbrennung von Holz und *fossilen Brennstoffen* (Kohle, Erdöl, also auch Benzin, und Erdgas). Vor der Industrialisierung merkte das keiner, denn die riesigen Wälder machten daraus Sauerstoff. Heute aber gibt es erstens weithin keine Wälder mehr, und zweitens verbrennen wir erheblich mehr als vor hundert Jahren. Jedes Jahr blasen die Menschen damit 22 Milliarden Tonnen CO_2 in die Luft (allein in Deutschland eine Milliarde). Immer, wenn wir Auto fahren, kommt hinten – zusammen mit anderen Giften – auch CO_2 heraus. Bei einem großen Auto ist das nach einigen hundert Kilometern jedesmal ein Zentner Kohlendioxid. Davon nehmen wunderbarerweise die Ozeane eine ganze Menge in ihr Wasser auf, und auch die Photosynthese der Pflanzen arbeitet noch. Aber sie kommen nicht mehr nach: In den letzten hundert Jahren stieg der CO_2-Anteil in der Luft um fast 20 Prozent.

Und was macht das? Das Kohlendioxid in der Atmosphäre bleibt dort hängen. Es läßt die Sonnenwärme herein, aber nicht mehr hinaus. Wir leben allmählich wie in einem rundherum geschlossenen Glashaus, in dem es immer stickiger wird.

Industrie und Autos schleudern auch noch andere Abgase in die Luft. Aus allen deutschen Autoabgasen (jedes Jahr 420 Millionen Tonnen) könnte man eine 1,7 Meter dicke Wolke über ganz Deutschland legen. Unter diesen Abgasen ist auch das *Schwefeldioxid*.

Warum ist der Regen sauer?

Jeder Chemiker weiß, was da passiert ist. Ein einfacher Prozeß: Das *Schwefeldioxid* verbindet sich mit dem Wasserstoff und dem Sauerstoff der Luft zu einer Säure, die mit dem Regen zur Erde zurückkommt. Das Ergebnis ist *saurer Regen*.

Und was dieser saure Regen auf der Erde an Schäden hinterläßt, kann man fast überall sehen. Nur die Verschmutzung aller Oberflächengewässer ist unsichtbar.

Ein Beispiel: Eine alte Statue an einem prächtigen Palazzo. Sie steht schon einige Jahrhunderte da und hat sich nicht verändert. Seit zwei Jahrzehnten jedoch wird sie schwarz, kriegt Löcher und Risse. Die Ursache: der saure Regen.

Im Wald sieht man immer öfter Bäume, die nur noch gelbe Blätter oder Nadeln haben. Tatsächlich ist der Wald nicht nur in Europa, sondern auch in den USA krank. Fast 2/3 aller Bäume sind beschädigt, jährlich steigt die Zahl der Bäume, die man nicht mehr „heilen" kann. Wissenschaftler sprechen vom *Waldsterben*. Die Ursache: wieder der saure Regen. Er bringt den Wasserhaushalt des Waldbodens durcheinander, es kommt zur *Übersäuerung*. Damit ist die Nahrungsquelle des Baumes vergiftet. Er geht ein.

Gesunder Kiefernast

Zerstörung durch sauren Regen

Woher kommt der Erdboden? Auf unserem Planeten liegt über weite Flächen ein lockeres Erdgemisch auf der Kruste, der *Mutterboden* oder *Humus*. Er ist wunderbar feucht, sauerstoffreich und voller Nährstoffe für die Bäume und Pflanzen, die darauf wachsen. Die anspruchslosesten *Moose* so prächtig wie die hohen tausendjährigen *Zedern*. Der Humus ist so kostbar, weil wir so wenig davon haben. Die Humusschicht ist maximal einen Meter dick.

Es dauert ungefähr zehntausend Jahre, bis ein so fruchtbarer Boden entsteht. Und woraus ist er entstanden? Das Urmaterial ist natürlich wieder Gestein. Es wird durch den Wind, also durch *Erosion* und *Verwitterung* zerkleinert, vom Regenwasser durchnäßt, von der Sonne erwärmt, von Kleinstlebewesen sozusagen umgeschaufelt und mit Sauerstoff versorgt und von den Wurzeln der Pflanzen festgehalten. In erster Linie ist es also das Klima, das den Mutterboden erschafft.

Und zwar immer wieder neu, bis zum heutigen Tag. Erst der Mensch hat mit

Die dünne Humusschicht

Humus

Unterboden

Durchlässiges Gestein

Bei dieser neuen Anbaumethode pflügt der Bauer den Boden nicht mehr um und schützt ihn so vor Erosion. Der Samen wird in den Boden „gedrillt".

der modernen Landwirtschaft in diese fortdauernde Neuschöpfung eingegriffen. Der Boden wurde so sehr ausgebeutet, daß er heute ausgelaugt ist. Dadurch gehen, zum Beispiel im Bundesstaat *Tennessee* in den USA, auf einer Fläche von 10 000 Quadratmetern jedes Jahr drei Tonnen Mutterboden verloren. Die Natur schafft Ersatz dafür, aber nicht genug. Sie kann auf der gleichen Fläche pro Jahr nur knapp eine Tonne Mutterboden neu bilden. Zwei der drei verlorenen Tonnen werden nicht mehr ersetzt.

Dabei gibt es auf der Erde immer mehr Menschen. Wie sollen wir sie ernähren, wenn wir den Mutterboden weiter zerstören?

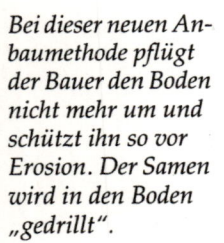

Wie funktioniert die Verwitterung?

Wenn kein Pflanzenwuchs, keine *Vegetation* den Boden schützt, ist er dem Regen, der Hitze und dem Wind wehrlos preisgegeben. Diese drei Kräfte spülen und fegen Tag und Nacht den Mutterboden hinweg, höhlen die weicheren Gesteine aus, kratzen zuerst schmale Ritzen, dann tiefe Gräben ins Gestein. Die Sonne brennt auf den ungeschützten Boden, das Grundwasser verdunstet oder sinkt in die Tiefe ab. Dabei kann sogar eine heiße, trockene Wüste entstehen, aus der nur noch die härteren Gesteinsbrocken als *Inselberge* oder bizarre Felsformen herausragen.

Was mit einer Landschaft passiert, aus welcher der Mensch alle Pflanzen entfernt hat, kann man an der Küste der Mittelmeerinsel *Kreta* sehen. Vor zweitausend Jahren standen dort noch riesige Wälder. Die Römer schlugen allmählich alle Bäume ab, weil sie das Holz zum Schiffbau brauchten. Und heute liegt dort eine kahle, steinige, von Wind und Wetter zerfurchte *Karstlandschaft*. Romantisch zwar, aber ohne Leben.

Wie entsteht eine Wüste?

Noch vor relativ kurzer Zeit, während der letzten Eiszeit in Europa vor 18 000 Jahren, war die *Sahara* ein angenehm warmes, genügend bewässertes und fruchtbares Grasland. Sie war von Menschen bewohnt, und mit ihnen lebten *Elefanten* und *Flußpferde*. Heute ist sie die größte Wüste der Erde.

Die Sahara hat in den letzten 50 000 Jahren sogar zweimal ihr Aussehen geändert. Man kann sich diese Veränderungen, die vielleicht mit den Eiszeiten zusammenhängen, nur mit gewaltigen Klimaschwankungen erklären. Eine Zeitlang also muß es in der Sahara kräftig geregnet haben, dann schlug das Klima

Das Atlasgebirge in der Sahara heute (oben)

Das Atlasgebirge während der letzten Eiszeit: eine blühende, fruchtbare Graslandschaft (unten)

um, es blieb trocken, und der Boden verwitterte. Tiere und Menschen flohen vor der sich ausdehnenden Wüste immer weiter nach Norden. Auch die *Römer* zogen sich zurück. Sie hatten in *Nordafrika* anfangs ja noch Getreide für ihre Armeen geerntet. Heute werden jedes Jahr 60 000 Quadratkilometer Boden zu Wüstenflächen.

Im trockensten Teil der Sahara, der *Sahelzone*, schreitet die Wüstenbildung noch heute weiter fort. Die Menschen dort haben in ihrer Umgebung schon kein Holz mehr, das sie zum Feuermachen verwenden können. Deshalb müssen diese Menschen immer weiter laufen, um noch einen Baum oder einen Strauch zu finden. Und jede abgeholzte Stelle gibt der Erosion und Verwitterung eine neue Angriffsfläche. So dehnt sich die Wüste allmählich immer weiter aus. Sie wandert.

Wozu ist der tropische Regenwald gut?

Die großen tropischen Regenwälder gibt es auf drei Kontinenten noch in drei Ländern: in *Brasilien*, *Zaïre* und *Indonesien*. In ihnen herrscht hohe Luftfeuchtigkeit und eine Durchschnittstemperatur von 27 Grad – ein richtiges Gewächshausklima. Während in den Wäldern in Europa immer nur wenige Baumarten beieinanderstehen, gibt es im Regenwald oft 80 verschiedene Arten. Er ist ein regelrechter Zoo: Tausende verschiedener Insekten schwirren herum, kleine Vögel (wie der winzige *Kolibri*) und große (zum Beispiel alle möglichen *Papageien*) wohnen darin zusammen mit *Leoparden*, schnurrbärtigen *Affen*, *Vampirfledermäusen*, *Eichhörnchen* und *Fliegenden Schlangen*. Von den fünf Millionen Tierarten der Erde lebt die Hälfte im tropischen Regenwald. Und das ist schon seit Hunderten von Millionen Jahren so. Der Tropenwald ist das älteste *Ökosystem* der Erde.

Die Hälfte des gesamten Regens auf der Erde fällt über den tropischen Regenwäldern. Als enormer Wasserspeicher halten sie mit dieser Menge das ganze Weltklima im Gleichgewicht. Durch die Photosynthese verarbeiten die Blätter der großen Bäume Tag für Tag die gar nicht mehr vorstellbare Menge von 500 Milliarden Tonnen *Kohlendioxid*. Ohne diesen Vorgang würde das alles in die Atmosphäre aufsteigen, und die Erde würde unter der Kohlendioxidschicht wie in einem geschlossenen Treibhaus ersticken.

Welche Gefahr droht dem Regenwald?

Vor einigen Jahren erschreckte die Menschen ein Bericht der *Vereinten Nationen* über den „Abbau" der tropischen Regenwälder: Jede Minute verschwinden 125000 Quadratmeter Wald. Das ist in ei-

Der tropische Regenwald ist das älteste Ökosystem der Welt.

47

nem Jahr die Fläche von *England* und *Schottland* zusammengenommen. Und nicht allein in Brasilien wird der Regenwald abgeholzt. Auch in *Indonesien* werden die tropischen Riesenbäume geschlagen. Der größte Bedarf an Tropenholz allerdings besteht in *Japan*.

Aufgrund dieser bedrohlichen Entwicklungen kommt es dazu, daß ein 100 Millionen Jahre alter Wald in wenigen Jahrzehnten ausgeplündert wird.

Wie warm wird die Erde? Ist es an den kalten Polen bereits so warm geworden, daß die Eisberge schmelzen? Es scheint so. Selbst die Ozeane heizen sich allmählich auf. Den weltweiten Anstieg der Temperatur hat man sogar gemessen: Allein in diesem Jahrhundert ist es auf der Erde ein halbes Grad wärmer geworden. Das klingt ungefährlich, denkst du vielleicht. Aber erstens geht die Erwärmung ja weiter, und sogar immer schneller. In hundert, vielleicht auch schon in fünfzig Jahren wird es, wenn wir die Atmosphäre weiter zerstören, global um fast 5 Grad wärmer sein (um genausoviel ist die Temperatur der Erde seit der letzen Eiszeit vor 18000 Jahren gestiegen). Und zweitens ist der weltweite Temperaturanstieg nur ein Durchschnittswert. An einigen Stellen der Erde kann es also sehr viel heißer werden, an anderen dagegen kälter. Wo genau was passiert, läßt sich nicht vorhersagen, weil das Klima der Erde eine so komplizierte Sache ist, daß keine Wissenschaft es bisher ganz verstanden hat. Man weiß nur, daß sich schon bei einer Temperaturerhöhung um lediglich 1 Grad (dahin kommt es spätestens im Jahr 2015) gewaltige *Klimaverschiebungen* ergeben. Im heißen Afrika etwa wird es noch heißer werden, die Wüsten wer-

Wenn sich die Temperatur der Erde nur um wenige Grad verändert, könnte es an der Südspitze Afrikas so aussehen.

48

den nach Norden wandern. Die Südspitze Afrikas wird sich dagegen abkühlen, ebenso der Südpol. In Deutschland werden wir dann ein Wetter haben wie in *Sizilien* (vielleicht gut für den Urlaub zu Hause, aber es wachsen halt auch keine Pflanzen mehr). Und in *Sibirien* wird der eisige Boden auftauen, die Menschen dort können dann Weizen anpflanzen. Eine unvorstellbare Völkerwanderung wird sich über die Erde bewegen. Hungernde Wüstenbewohner drängen dann nach Norden, aber auch sonst überall werden die Menschen ihre unfruchtbar gewordene Heimat verlassen und anderswo neue Nahrung suchen müssen.

Wie hoch steigt das Meer? Es gibt seit etwa hundert Jahren eine Hitliste der Hitzerekorde. Das Jahr 1988 steht da an der Spitze, auf den folgenden Plätzen kommen 1987, 1983, 1981, 1980 und 1986. Das heißt, die Spitzenreiter sind sechs Sommer aus einem einzigen Jahrzehnt. Dies könnte ein Indiz dafür sein, daß sich die Temperatur der Erde erhöht.

Steigt der Meeresspiegel an, wenn eines Tages durch die globale Erwärmung das Eis der Polarkappen schmilzt? Die physikalisch einfache Antwort heißt: Ja. Wenn wir Glück haben, geht alles sehr langsam vor sich. Ein optimistischer Wissenschaftler rechnet mit ein paar hundert Jahren Eisschmelze.

Auch der Wasserspiegel der Ozeane erhöht sich langsam, aber sicher um 2 bis 3 Millimeter pro Jahr. Das Eis der *Arktis*, am Nordpol, ist heute schon bis zu 4 Grad wärmer als vor hundert Jahren.

Einmal angenommen, der westliche Teil der Antarktis bricht ab wie der 160 Kilometer lange Brocken 1987, driftet ins Meer hinaus, und das Eis schmilzt. Das wäre schon bei einer geringen Erhöhung der Durchschnittstemperatur der Erde der Fall. Dann würde der Meeresspiegel schnell um 6 bis 10 Meter steigen. Die Straßen von *Manhattan* und Hamburg würden sofort und für immer unter Wasser stehen, und von *Venedig* würde nur noch der *Markusturm* aus dem Meer herausragen.

Wie alt sind die Gebirge? Die Erde ist 4,6 Milliarden Jahre alt. Die ältesten Gesteine der heutigen Kontinente haben ein Alter von fast 4 Milliarden Jahren. Die Gebirge dieser Welt sind aber viel später entstanden und daher relativ jung: nur 200 Millionen Jahre alt oder noch jünger.

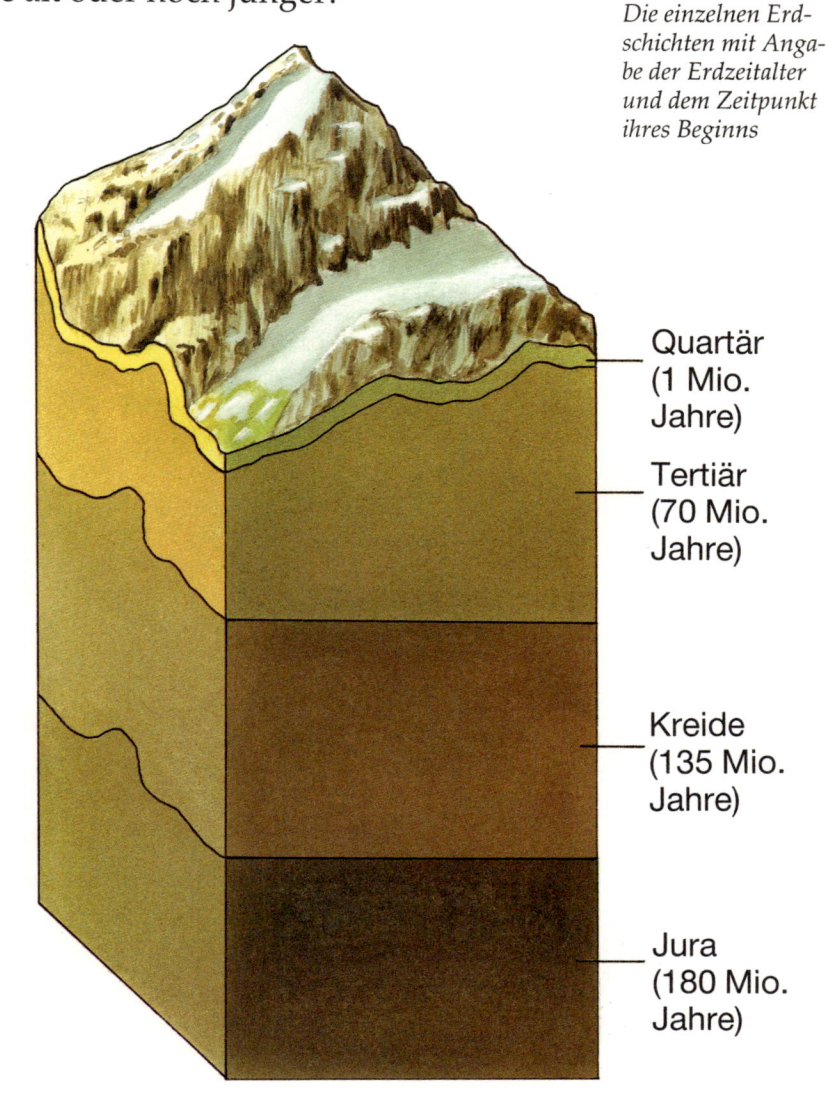

Die einzelnen Erdschichten mit Angabe der Erdzeitalter und dem Zeitpunkt ihres Beginns

Quartär (1 Mio. Jahre)

Tertiär (70 Mio. Jahre)

Kreide (135 Mio. Jahre)

Jura (180 Mio. Jahre)

Wie kommen Seemuscheln ins Gebirge?

Noch vor kurzem glaubten die *Geophysiker*, die Erde sei seit langer Zeit ein fester Gegenstand, der sich nicht mehr bewegt. Heute weiß man aber, daß sie ein sehr bewegliches, mobiles, also ein *dynamisches System* ist. Bis heute, nur viel langsamer als früher, bewegen sich die großen Platten auf ihrem flüssigeren Untergrund.

Aus den gewaltigen Zusammenstößen der Erdplatten haben sich die großen Gebirge aufgefaltet und unter ungeheurem Druck in die Höhe geschoben. So kommt es, daß man auf 8000 Meter hohen Bergen versteinerte Muscheln aus dem Meeresboden finden kann. Auf einer Bergwanderung kann man an den Felswänden noch genau die urzeitlichen Falten und Bruchkanten sehen. Manchmal sind ganze Gebirgsketten weit von ihrem alten Platz weggedrückt worden. Das obere Gestein der nördlichen Alpen etwa lag zuvor 160 Kilometer weiter südlich. In *Montana* in Nordamerika „wanderte" ein ganzer Berg, der *Chief Mountain*, meilenweit über die Prärie, wurde auf einen kleineren Berg wie auf einen Sockel gehoben und blieb da oben stehen.

In den Jahrmillionen seit dem Entstehen der Gebirge hat dann überall die Verwitterung das Gestein unaufhörlich bearbeitet und eine endlose Formenvielfalt geschaffen.

Andere große Berge, zum Beispiel der *Vesuv* bei *Neapel* oder der *Ätna* auf Sizilien, sind durch vulkanische Tätigkeit und die ausfließende Lava immer höher gewachsen.

Diese Versteinerung aus den Dolomiten ist 80 Mio. Jahre alt.

Wie gefährdet ist die Biosphäre?

Die Lufthülle um die Erde ist in verschiedene Sphären unterteilt, die wir Atmosphäre, Stratosphäre und so weiter nennen. Bei der festen Erdkugel ist es ähnlich. Hier heißt die oberste Sphäre, unsere Erdrinde, *Lithosphäre*. Das Wort *Sphäre* kommt übrigens, wie fast alle wissenschaftlichen Begriffe, aus dem Griechischen und heißt „Kugel".

Seit einigen Jahren spricht man nun von einer weiteren Sphäre. Sie liegt zwischen der Lithosphäre und der Atmosphäre, also zwischen dem festen Erdboden und der Lufthülle. Dort befinden sich alle Menschen, Tiere und Pflanzen, aber auch die Häuser und Städte, Autos und Maschinen, Straßen und Fabriken. Mit anderen Worten: Es ist diejenige Sphäre, in der sich alles Leben auf dem Planeten bewegt. Deshalb hat man diese Schicht *Biosphäre* genannt, das heißt die Sphäre des Lebens. Während vieler Jahrmillionen war die Biosphäre im Gleichgewicht. Alles, was sie an Abfall produzierte, konnte sie selbst wieder verarbeiten. Sie war ein sensibles, aber perfektes *Recycling*- oder *Ökosystem*. Erst durch das Wachstum der Erdbevölkerung und den

Schwertwal

Seeleopard

Nahrungskette

Robbe

Seebarsch

Krill

...nkton

Durch Überfischung und Jagd auf Robben wurde das Ökosystem des Meeres vom Menschen empfindlich gestört. Die Abbildung zeigt im Uhrzeigersinn die Nahrungskette im Meer.

Ausbau der Industrie ist dieses Gleichgewicht empfindlich gestört. Wir spüren es schon selbst am veränderten Klima, der unsauberen Atemluft, dem schmutzigen Wasser und dem sauren Boden. Wie krank die Biosphäre wirklich ist, kann niemand sagen. Sie ist ein so kompliziertes, man sagt auch *komplexes* (umfassendes) System, daß wir es nicht vollständig verstehen. Es arbeitet nämlich mit einem unvorstellbaren Netz von Wechselwirkungen.

Die Geschenke der Erde

Was schenkt uns die Erde? Das schönste Geschenk der Erde an die Menschen ist ihre einzigartige Position unter den Milliarden von Sternen im Universum. In der Nähe der Sonne, nicht zu nah, aber auch nicht zu weit weg, kreist sie um eine unerschöpfliche Wärmequelle. Ohne diese Wärme hätte das Leben auf der Erde nie entstehen können.

Die Erde bietet uns außerdem etwas, das nur wenige Sterne haben: den blauen Himmel ihrer Lufthülle. Die Atmosphäre ist von so ausbalancierter Temperatur und Zusammensetzung, daß wir alle, Menschen, Tiere und Pflanzen, davon leben können.

Dazu hat die Erde uns das Wasser der Flüsse und Meere geschenkt, in denen sich der erste Herzschlag des Lebens entwickeln konnte.

Ihr letztes Geschenk an den Menschen ist die feste Erdrinde, auf der wir spazierengehen können. Darin liegen fast hundert verschiedene chemische *Elemente* mit ihren wertvollen Eigenschaften. In der Erdrinde liegen auch viele andere Stoffe, die sich in den Millionen Jahren der Erdgeschichte dort abgelagert haben. Wir nennen sie *Bodenschätze*, haben bei

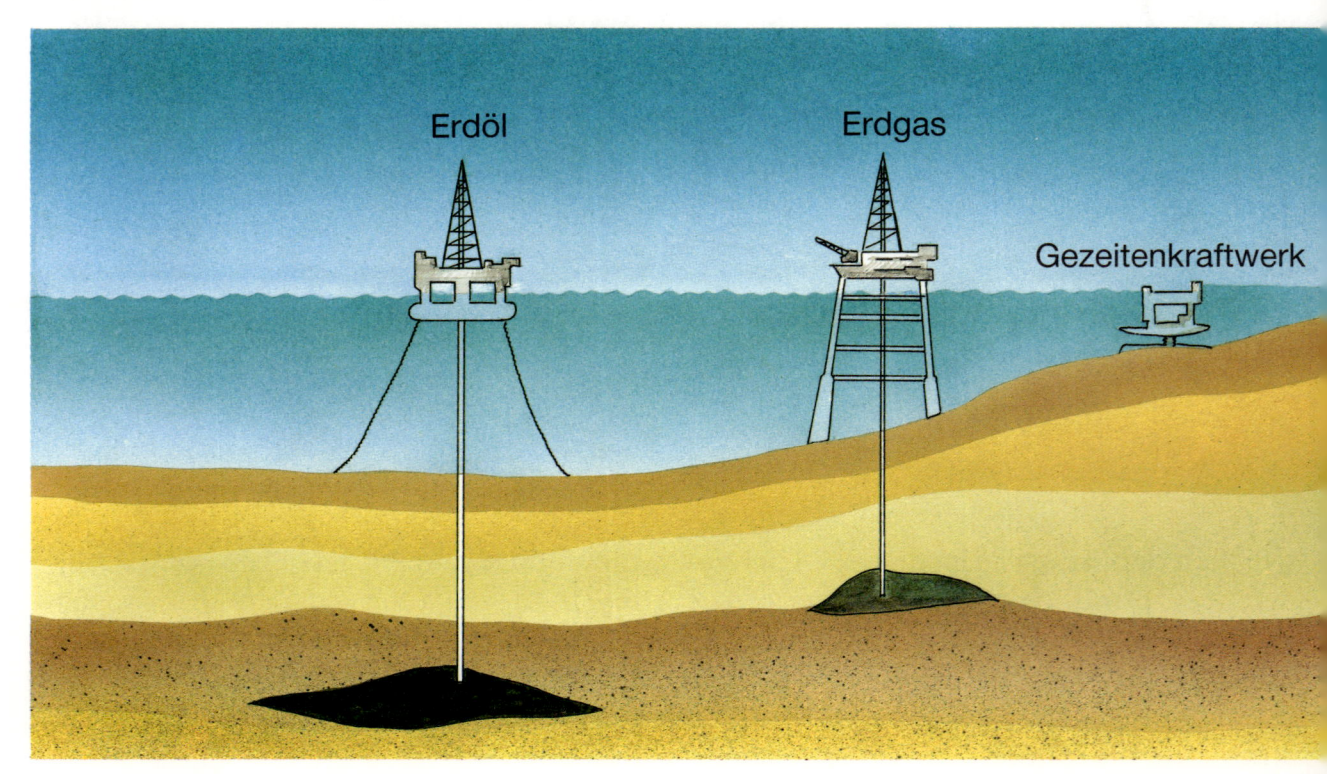

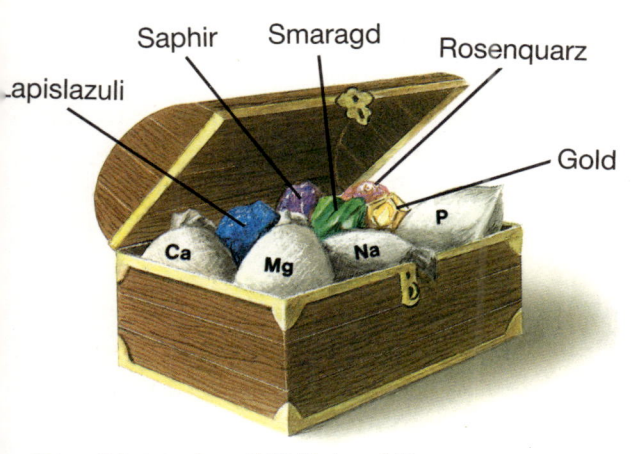

Diese Schatztruhe enthält Bodenschätze.

dem Wort aber beinahe schon vergessen, was wir daran wirklich haben: einen tatsächlich wertvollen Schatz, den wir behutsam gebrauchen sollten, statt ihn sinnlos zu verschleudern.

Was nimmt sich der Mensch von der Erde?

Viele Milliarden Jahre lebte die Erde im natürlichen Gleichgewicht mit Tieren und Pflanzen. Die großen Störungen dieser Harmonie kamen immer aus dem Weltraum – etwa gewaltige Meteoreinschläge – oder aus dem heißen Kern, wenn die Erdrinde sich dehnte und platzte. Trotzdem entwickelte sich das Leben immer weiter. Als dann die großen Erdkatastrophen zu Ende waren, tauchte der Mensch auf. Er ist das erste und einzige Lebewesen, das seine eigene Lebensgrundlage, den lebendigen Planeten, zerstören könnte.

Von Anfang an hat er die Erde ausgebeutet. Er hat aus ihr herausgeholt, was herauszuholen war, und es sich angeeignet. An Rohstoffen, Bodenschätzen, Mineralien und Metallen wurde immer mehr von immer mehr Menschen benötigt. Der moderne *Lebensstandard* wurde unersättlich. Bis heute. Was nicht mehr zu gebrauchen ist, wird als Müll und Abfall weggeworfen. Dabei wachsen Bodenschätze nicht nach wie Pflanzen. Uns ist nur noch ein kleiner Vorrat geblieben.

So verbraucht jeder Hausbau Land, jedes Feuer Brennstoff, jedes Auto Atemluft, jede Maschine Energie. Sogar der Massentourismus verbraucht etwas Unersetzliches: unberührte Landschaft.

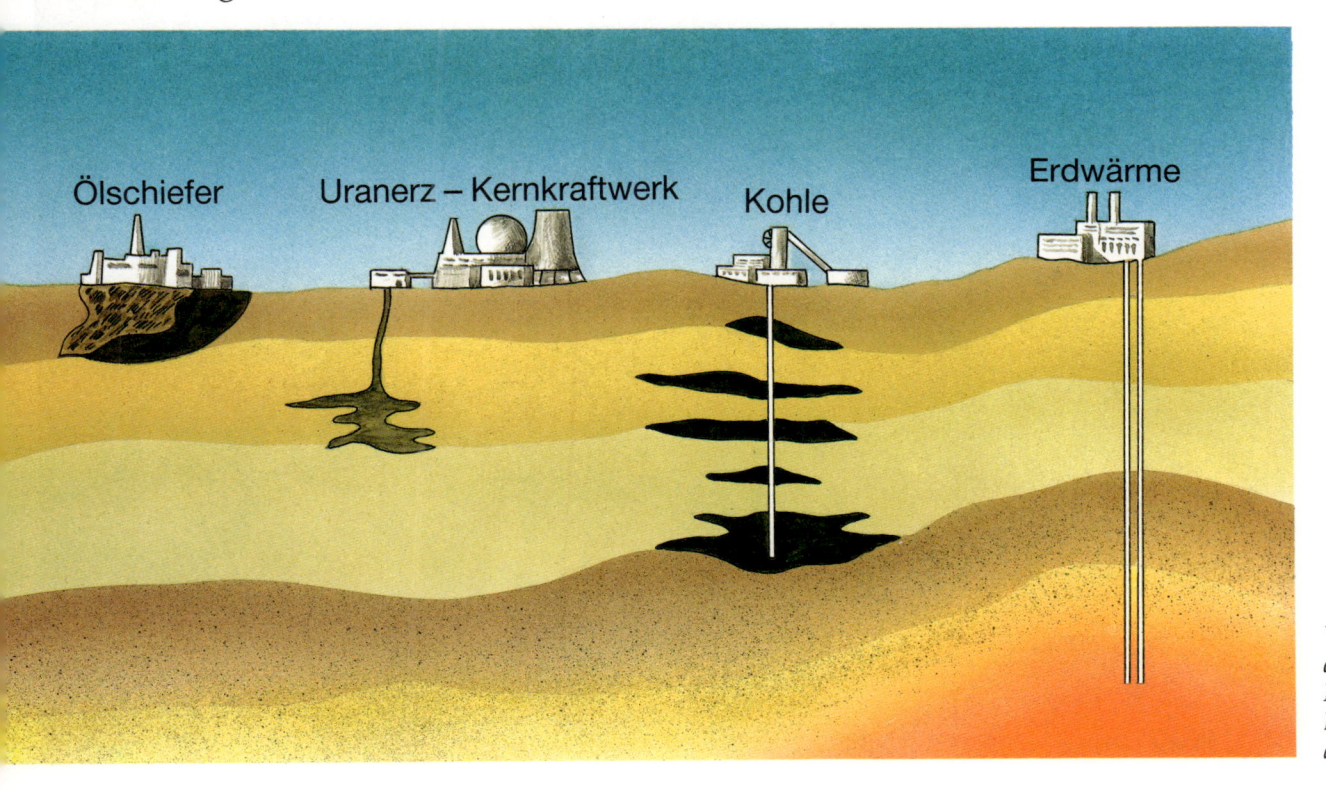

Verschiedene Arten der Förderung von Rohstoffen zur Energiegewinnung aus der Erdkruste.

Warum kriecht der Mensch in die Erde?

Vor 10000 Jahren entdeckten die Menschen, daß in der Erde die beiden Metalle *Kupfer* und *Zinn* vorkommen. Geschmolzen und kombiniert ergeben sie eine sehr harte Verbindung, die wir *Bronze* nennen. Die Menschen fanden heraus, daß sich daraus leichter Meißel oder Pfeile formen ließen als bisher. Also machten die Menschen ihre Werkzeuge nicht mehr aus Stein, sondern aus Bronze. So ging die *Steinzeit* zu Ende, und die *Bronzezeit* begann. Ein paar tausend Jahre später fingen die Menschen an, auch *Eisen* zu schmelzen und neue Werkzeuge daraus zu machen. Die frühen Eisenschmiede in ihrer düsteren Schmiede wurden als unheimliche Zauberer gleichzeitig gefürchtet und verehrt.

Seit der Bronzezeit durchwühlte der Mensch die Erde nach neuen *Mineralien* und Metallen. Er höhlte bald tiefe unterirdische Gänge aus, ganze *Bergwerke*, in denen er die Steine und Erze abbaute. Schon im Altertum berühmt waren die Bergwerke auf *Zypern*, in denen Kupfer (lateinisch: aes cyprium, das Erz von der Insel Zypern) gewonnen wurde.

Die Steinzeitmenschen waren noch bescheiden. Jeder verbrauchte pro Jahr nur einige Pfund *Feuerstein* für Werkzeuge, ebensoviel an *Sandstein* für Gefäße, ein bißchen Salz und ein paar Gramm bunte Minerale für Farben. Mit der *Industrialisierung* beschleunigte sich der Verbrauch. In den hundert Jahren zwischen 1812 und 1912 stieg zwar die Weltbevölkerung auf das Dreifache. Sie verbrauchte aber im Jahr 1912 achtzigmal soviel Kupfer und hundertmal soviel Eisen wie 100 Jahre zuvor. Allein in unserem Jahrhundert hat sich der Mineralabbau alle zehn Jahre verdoppelt.

Abbau von Kohle im Untertagebergbau

Man hat den Verbrauch für die Zukunft hochgerechnet. Wenn dieser weiter so steigt wie bisher, dann müssen wir in 200 Jahren 250 Trillionen Tonnen Minerale pro Jahr abbauen. Das ist genau die Masse Land, die über dem gesamten Meeresboden liegt.

Damals war es auf der Erde lange Zeit sehr heiß, und die Kontinente hingen alle noch in einer einzigen Landmasse zusammen. Im feuchten Dunst wuchsen überall bis zu 30 Meter hohe *Farnbäume*, ihre dichten Wälder bedeckten den Boden. Umgefallene, manchmal auch ver-

Dies sind die am häufigsten vorkommenden Minerale. Der Anteil der Feldspate an den in den Gesteinen vorhandenen Mineralen beträgt ca. 60%.

Glimmer

Kalzit

Quarz

Feldspat

Woher kommt das „Schwarze Gold"?

„Schwarzes Gold" hat man einen Stoff getauft, der tief in der Erde ruht und für den Menschen noch viel wertvoller als Gold ist: die *Kohle*. Das Erdzeitalter, in dem sie entstanden ist, ist nach dem lateinischen Namen für „Kohle" benannt. Es heißt *Karbon*. Das Karbon ist jetzt ungefähr 350 Millionen Jahre her.

brannte Stämme blieben am Boden liegen und verrotteten. Dann ist das Meer aus irgendeinem Grund angestiegen, jedenfalls waren die Baumstämme am Boden unter einer dicken Schwemmschicht von Sedimenten begraben, die sie kräftig zusammendrückte und nach unten in die Erde sinken ließ. Vielleicht hat sich dieser Vorgang auch ein paarmal hintereinander abgespielt. Später dann drifteten die

Kontinente auseinander, das Erdklima kühlte sich ab, die Farnbäume starben aus.

Unten in der Erde wurden die schwarz verfaulten Bäume unter Druck immer fester, fast zu einem richtigen Gestein. Und allmählich bildete sich aus dem unterirdischen *Komposthaufen* das, was wir Kohle nennen. Man kann den Beginn dieses Prozesses noch heute beobachten, wenn man in einem Torfgebiet spazierengeht. Denn *Torf* ist unter der Erde aus abgestorbenen Pflanzen entstanden als erste Stufe des Vorgangs, bei dem die Kohle entsteht. Die Kohle ist nach dem Holz unsere älteste Energiequelle.

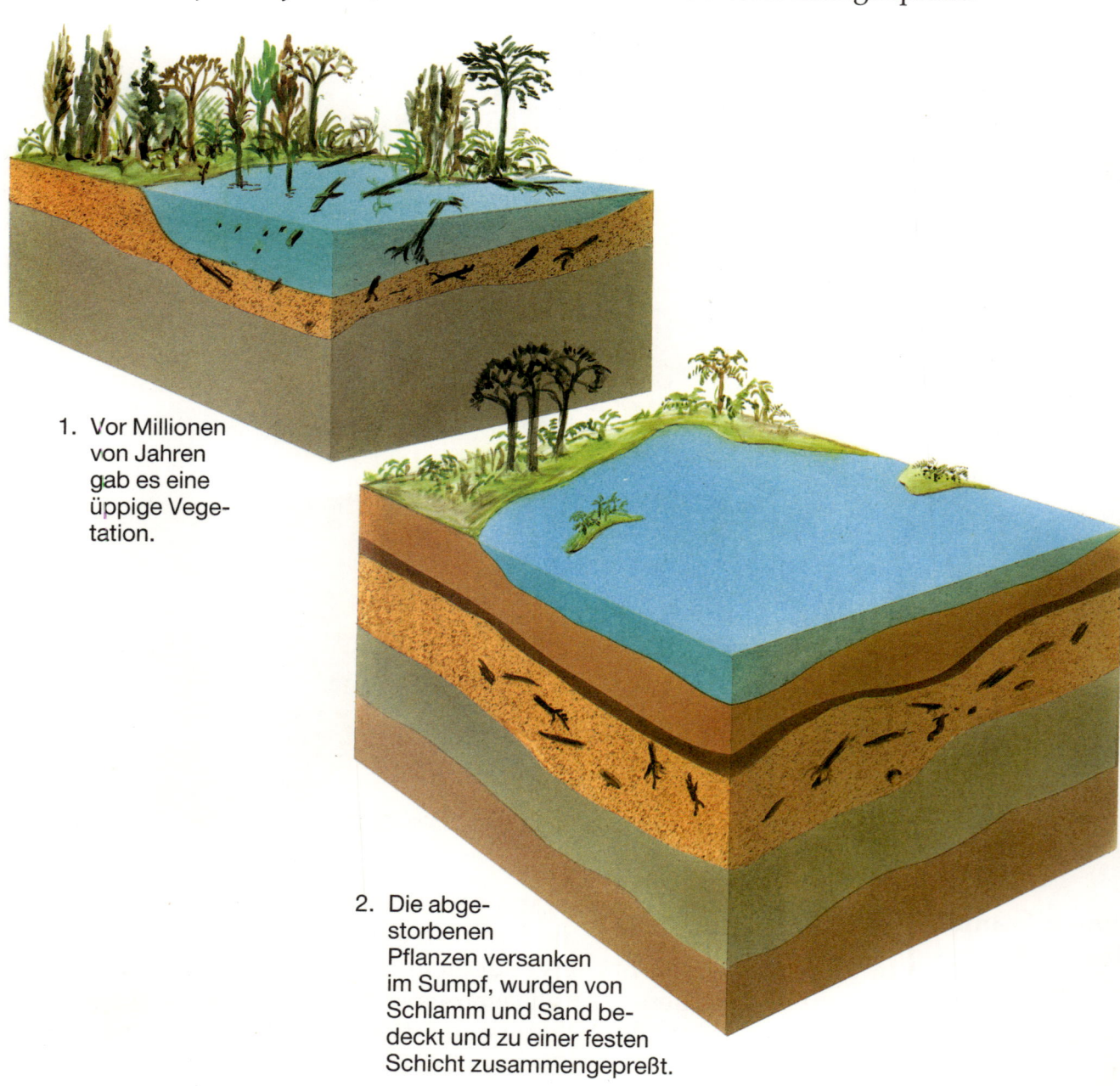

1. Vor Millionen von Jahren gab es eine üppige Vegetation.

2. Die abgestorbenen Pflanzen versanken im Sumpf, wurden von Schlamm und Sand bedeckt und zu einer festen Schicht zusammengepreßt.

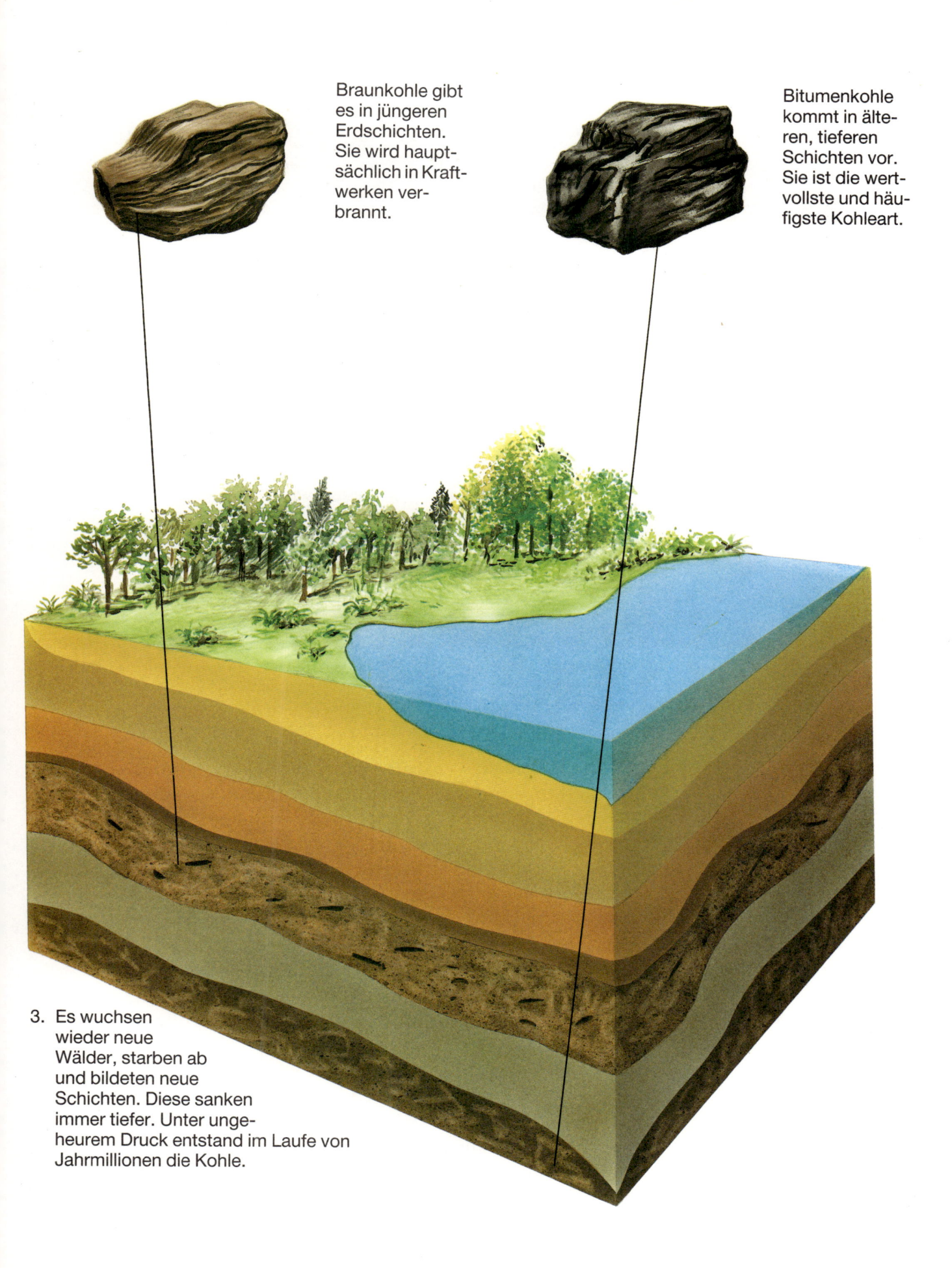

Braunkohle gibt es in jüngeren Erdschichten. Sie wird hauptsächlich in Kraftwerken verbrannt.

Bitumenkohle kommt in älteren, tieferen Schichten vor. Sie ist die wertvollste und häufigste Kohleart.

3. Es wuchsen wieder neue Wälder, starben ab und bildeten neue Schichten. Diese sanken immer tiefer. Unter ungeheurem Druck entstand im Laufe von Jahrmillionen die Kohle.

1. *Im Laufe von Millionen Jahren sinken tote Kleinstlebewesen auf den Meeresboden.*

2. *Neue Ablagerungen schließen diese organischen Stoffe vom Sauerstoff ab.*

3. *Durch den hohen Druck der oberen Schichten und durch bakterielle Zersetzung kommt es zu chemischen Veränderungen. Erdöl und Erdgas entstehen.*

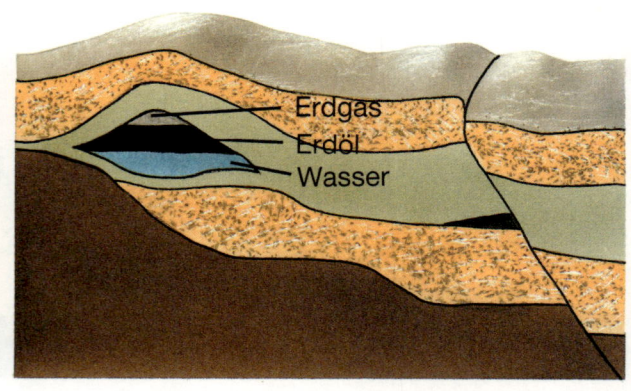

4. *Faltungen der Erdkruste bewirken Brüche in den Gesteinsschichten. Erdöl und Erdgas wandern in höher liegende, poröse Schichten.*

Wie macht man Erdöl?

Erdöl ist in einem so komplizierten Vorgang entstanden, daß unsere Vorräte eigentlich purer Zufall sind.

Erste Voraussetzung für Erdöl ist eine meterdicke Schicht *Schlick*, also diese wäßrige Bodenmasse aus organischem Material in einem See oder Fluß. Darüber liegt eine ebenso kräftige Schicht Schlamm. Dann wird das Ganze tief in die Erde hineingedrückt. Bei einer Temperatur von 120 Grad spielt sich dann in einem Zeitraum von Jahrmillionen ein chemischer Prozeß ab, bei dem aus dem Schlick Erdöl wird. Wenn die Temperatur noch länger anhält, wird das Öl leichter und flüssiger und verwandelt sich in *Erdgas*. Der Vorgang funktioniert aber nur, wenn der Schlick sofort in feste Schichten der Erdkruste eingeschlossen wird. Sonst kommt er vorzeitig unter dem eigenen Druck herausgeschossen, und alles war umsonst. Das erklärt auch, warum Erdöl viel seltener vorkommt als Kohle. Nicht mehr als zwei Prozent der organischen Überreste der Welt sind im Lauf der Zeit zu Öl geworden.

Der Vorgang ist so schwierig, daß man Erdöl nicht im Laboratorium produzieren kann.

Jedes Jahr werden knapp 3 Milliarden Tonnen Erdöl aus der Erde geholt. Die bekannten Ölreserven betragen etwa 100 Milliarden Tonnen. Man kann also ausrechnen, wann es kein Erdöl mehr geben wird: in gut dreißig Jahren.

Wie produziert man Kernenergie?

Von der Steinzeit bis heute, immer hat der Mensch das Feuer als Wärmequelle gebraucht. Erst verbrannte er Holz, später dann Kohle und Erdöl. Vor 50 Jahren schließlich fand der Mensch eine vierte Energiequelle.

Benutzt wird hierfür ein chemisches Element, das wie alle anderen Bodenschätze in der Erde liegt. Es heißt *Uran*. Es ist *radioaktiv*, das heißt, es schleudert eine gefährliche Strahlung kleinster Atombausteine aus sich heraus. Damit kann man nun auf der Erde die Energieproduktion imitieren, mit der auch die Sonne ihr Licht und ihre Wärme macht, eine atomare Kettenreaktion. Dabei wird, ein schwer vorstellbarer Vorgang, Materie in Energie umgewandelt. Man muß dazu nur die sekundenschnelle Atombombenexplosion „zähmen", also in die Länge ziehen, technisch verlangsamen, schon hat man eine neue Energiequelle. Die riesigen Kraftwerke, in denen heute damit Elektrizität produziert wird, sind die *Kernkraftwerke*. Zu Anfang war man damit ungestört glücklich. Denn dieses Verfahren sah ungeheuer ergiebig aus. Man muß sich mal vor Augen halten: Ein Gramm Uran enthält dreimillionenmal soviel Energie wie ein Gramm Kohle.

Aber seit dem Unglück von Tschernobyl im Jahre 1986 sind viele Menschen nicht mehr so sorglos mit den Kernkraftwerken. Und bis heute ist dabei ein Problem ohne Lösung: Wohin mit den weiterhin strahlenden, abgebrannten Uranstäben? In ein altes Salzbergwerk? Ins Meer versenken? Dieser Uranmüll bleibt noch jahrtausendelang lebensgefährlich, viel länger, als die Geschichte der Menschheit bis jetzt gedauert hat.

In den Kernkraftwerken wird aus Uran in einer atomaren Kettenreaktion Energie gewonnen.

Sonne, Mond und Sterne

Ist die Erde eine flache Scheibe? Das glaubten die Griechen im frühen Altertum. Die Erde war für sie eine platte, kreisrunde Scheibe. Außen herum rauschte ein breiter Fluß, den die Griechen *Okeanos* nannten (daher stammt noch unser heutiges Wort Ozean). Der Himmel darüber war eine halbkugelförmige Kuppel, an der die Sterne hingen. Die Himmelskuppel ruhte auf starken Säulen, nur im Westen trug ein *Titan* namens *Atlas* den Himmel auf seinen Schultern. Wer weit genug nach Osten gehen könne, glaubten die Griechen, der komme genau an die Stelle, wo die Sonne über dem Horizont aufgeht.

Aber schon die alten Griechen hatten Wissenschaftler, die erkannt hatten, daß die Erde eine Kugel ist. Die bekanntesten waren *Archimedes* und *Aristoteles*. Beide gingen aber immer noch davon aus, die Erde sei der Mittelpunkt des Weltalls.

Der christlichen Kirche im *Mittelalter* paßte die Kugelgestalt nicht. Weil in der Bibel nichts von einer Kugel steht, sagte sie, kann die Erde auch keine Kugel sein.

Dann aber, vor 500 Jahren, fand der deutsche Astronom *Nikolaus Kopernikus* heraus, daß die Erde gar nicht der ruhige Mittelpunkt des Weltalls ist. Sie sei vielmehr in ständiger Bewegung, schrieb er, Tag und Nacht um sich selbst und einmal im Jahr um die Sonne herum. Die Kirche aber setzte das Buch, in dem Kopernikus seine neue Theorie entwickelte, auf die Liste der verbotenen Bücher.

Hundert Jahre nach Kopernikus benutzte dann *Galileo Galilei*, Professor der Mathematik in *Padua*, zum ersten Mal eine neue Technik zur Himmelsbeobachtung: das Fernrohr. Er entdeckte die Monde des Jupiters und außerdem die zerfurchten Krater auf dem Mond der Erde. Die Sterne im Weltall sind also, sagte er sich, nicht so perfekte Kristallkugeln, wie alle Welt glaubt. Wieder schritt die Kirche gegen einen Astronomen ein. Ga-

Die Griechen hielten die Erde für eine flache Scheibe.

Die Erkenntnisse, die Galileo Galilei (links) aus seinen Himmelsbeobachtungen mittels Fernglas zog, widersprachen den Ansichten des Vertreters des Vatikans.

lilei mußte sich im *Vatikan* niederknien und seine gesamten Erkenntnisse, auch die Bewegung der Erde, widerrufen. Im Hinausgehen soll er trotzig gemurmelt haben: „Eppur si muove!" („Und sie bewegt sich doch!").

Erst im Jahr 1992 gab die katholische Kirche nach, und Papst *Johannes Paul II.* verkündete, daß Galilei doch recht gehabt hatte.

Wo sind wir, Kapitän? Woher weiß der Kapitän eines Schiffes in der Mitte eines riesigen Ozeans, wo er eigentlich ist? Auf dem Wasser gibt es ja keine Kilometersteine. Zur Lösung dieses Problems haben sich schon die alten Griechen eine clevere Methode ausgedacht.

Sie legten gedachte Linien um die ganze Erde herum. Die Linie, die im Kreis um die Mitte der Erde außen herumläuft, heißt Äquator. Vom Äquator nach oben, also nach Norden zu, sind es insgesamt 90, ebenso nach Süden. Je näher man dabei an den Pol kommt, um so kleiner wird der Umfang dieser Kreise, und am Pol selbst ist die Linie sogar zum Punkt geschrumpft. Diese Linien nennt man *Breitenkreise*.

Die Griechen legten außerdem noch senkrechte Linien über die Erde, und zwar vom Nordpol zum Südpol herunter, eine neben der anderen. Das sieht am Ende so aus wie die Schnitte auf einer Orange, die man schält. Diese senkrechten Linien heißen *Längenkreise* oder *Meridiane*. Von ihnen gibt es rundherum insgesamt 360.

Damit ist die ganze Erde, Länder und Meere, mit einem Netz von Linien bedeckt. Jetzt braucht man zur Orientie-

Durch die alte Sternwarte in Greenwich bei London läuft der Nullmeridian, der die Erde in die westliche und die östliche Halbkugel teilt.

rung noch Nummern für diese Linien. Irgendeine Linie muß ja den Anfang machen. Für die Breitenkreise ist das einfach: Die Null-Linie, also der Breitenkreis Null, ist einfach die Linie in der Mitte, der Äquator. Aber wo gibt es bei den Längenkreisen einen Anfang? Da hat man sich halt darauf verständigt, daß der *Nullmeridian* durch ein kleines Dorf bei London gehen soll. Es heißt *Greenwich*. Dort steht seit 1705 die ehrwürdige Königliche Sternwarte. Vom Äquator aus zählt man also die Breitenkreise nach Norden und Süden und von Greenwich aus die Längenkreise nach Osten und Westen.

Jeder Längen- und Breitengrad kann übrigens noch genauer unterteilt werden. Ein Grad hat 60 *Minuten*, eine Minute 60 *Sekunden* (wie bei der Uhrzeit auch, nur hier sind es keine Zeitminuten, sondern Winkelminuten).

So hat jede Stelle der Erde ihren mathematisch genauen Platz. Wenn man in einen Atlas schaut, findet man diese Längen- und Breitenkreise als ganz feine Linien auf jeder Karte eingezeichnet. Berlin zum Beispiel liegt ungefähr auf 53 Grad nördlicher Breite und 13 Grad östlicher Länge.

Es klingt ein bißchen kompliziert. Aber auf dem Schiff käme vom Kapitän auch nur eine so komplizierte Antwort.

Warum haben nicht alle Länder dieselbe Uhrzeit?

Wenn wir in Europa zu Mittag essen, stehen die Amerikaner gerade auf, und die Japaner gehen schon ins Bett. Warum? Die Antwort sieht leicht aus: Weil die Erde sich um ihre eigene Achse dreht. Trotzdem verstehen sogar die meisten Erwachsenen das nie.

Es liegt einfach daran, daß die Sonne nicht überall gleichzeitig scheinen kann. Sie erscheint jeden Morgen im Osten und „geht" im Westen „unter". Wenn sich also zum Beispiel die Erde gerade so gedreht hat, daß die Sonne über Europa ihren höchsten Stand erreicht hat, dann sagen wir, es ist Mittag. Vor dieser Zeit stand sie schon über allen östlichen Ländern in ihrem Mittagshöhepunkt. Diese Länder haben also die Mittagszeit schon hinter sich, und bei den ferneren, etwa Japan, ist es schon wieder Abend. Zu den Ländern im Westen kommt die Sonne aber erst, wenn sie von uns wieder weggeht, in unserem Beispiel: am Nachmittag oder noch später, am Abend. So einfach ist das.

Und daher kommen die Unterschiede der Uhrzeiten auf der Welt. Man hat die ganze Erde zur besseren Übersicht in *Zeitzonen* eingeteilt. *Portugal* und *Marokko* zum Beispiel liegen schon in einer anderen Zeitzone als Spanien und ganz Mitteleuropa. Wenn es bei uns 12 Uhr Mittag ist, ist es dort erst 11 Uhr vormittags (weil die Sonne dort erst noch hinkommt).

Wenn man also einmal von einem Kontinent zum andern fliegt, muß man seine Uhr immer auf die dort gültige *Ortszeit* einstellen.

Während es in Paris 12 Uhr mittags ist, ist es in New York 6 Uhr morgens, und in Japan beginnt schon die Nacht (23 Uhr abends).

Wozu braucht man eine Datumslinie?

Was ist das überhaupt, eine *Datumslinie*? Fangen wir damit an, wo sie liegt. Sie schlängelt sich, als nur gedachte Linie natürlich, zwischen Alaska und Sibirien hindurch und verläuft dann ziemlich senkrecht mitten durch den Pazifischen Ozean.

Jetzt stellen wir uns noch mal die Sonne vor, die über einem bestimmten Land mittags am höchsten steht. Sagen wir: Es ist gerade Mittag in Alaska. Dann wäre Mittag im westlich daneben liegenden Zipfel Sibiriens, logisch, eine Stunde später. Etwas später wäre es dann 12 Uhr in Mittelsibirien, später in Europa, viel später in Amerika, dann wieder in Alaska – und hier geht das ganze Spiel wieder von vorn los.

Wenn wir so mit der Sonne über die Erde wandern könnten, wäre also immer Mittagszeit. Es gäbe also immer nur einen einzigen Tag. Das wäre völlig absurd, da wir auf der Erde doch den ständigen Wechsel von Tag und Nacht miterleben können.

Deshalb hat man sich, übrigens schon im Mittelalter, etwas ausgedacht: Ganz egal, wo die Sonne steht – wenn es in Alaska Sonntag ist, soll es in Sibirien Montag sein. Und damit basta. Diese Grenze nennen wir nun Datumslinie. Im Pazifik, wo sehr viele Inseln dicht nebeneinander liegen, ist es also auf der einen Insel Sonntag, auf der westlichen Nachbarinsel ist es aber schon Montag, denn die Datumslinie bildet ja eine Linie, die von den Menschen willkürlich festgelegt worden ist.

Ein anderes Beispiel, das allerdings noch schwerer zu verstehen ist: Wenn man die Datumsgrenze der Sonne entgegen, also in östlicher Richtung überfliegt, kann man am Montag in Tokyo losfliegen und landet Stunden später in San Franzisko – am Sonntag davor.

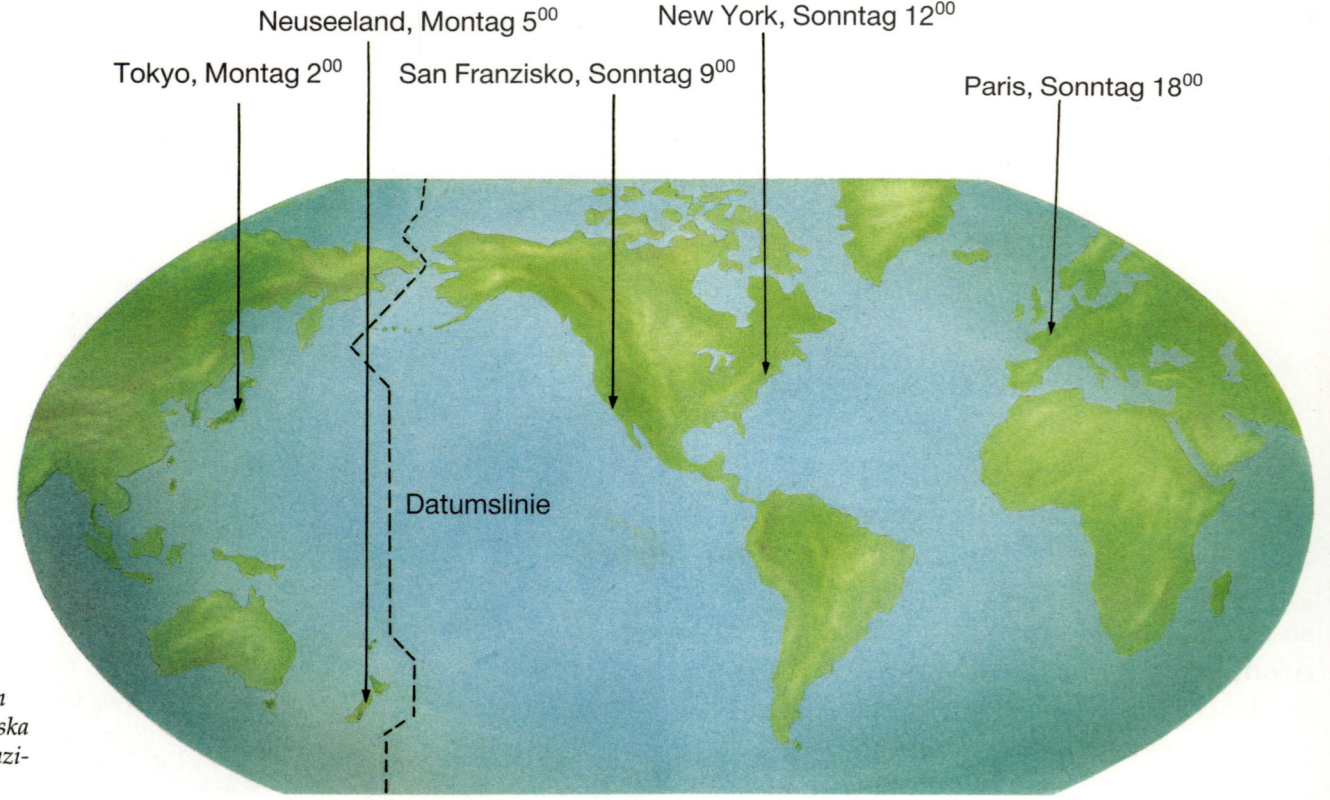

Tokyo, Montag 2:00
Neuseeland, Montag 5:00
San Franzisko, Sonntag 9:00
New York, Sonntag 12:00
Paris, Sonntag 18:00

Datumslinie

Die Datumslinie verläuft zwischen Sibirien und Alaska und durch den Pazifischen Ozean.

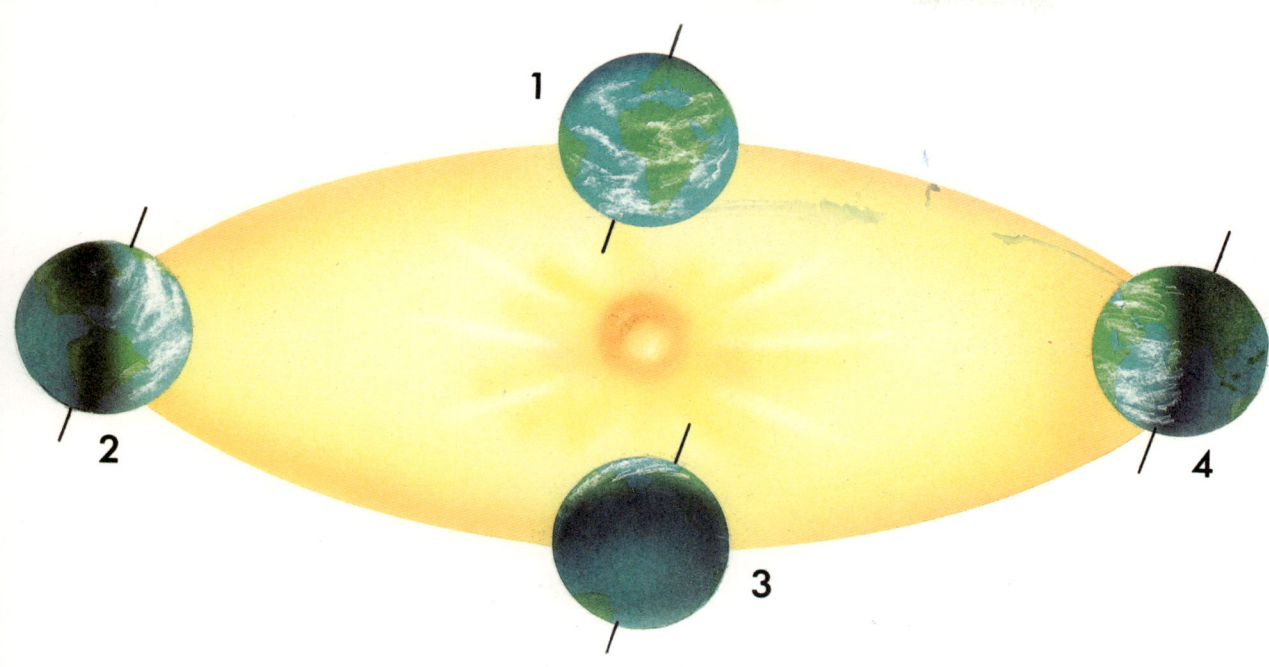

Durch die Neigung der Erdachse zur Sonne entstehen die Jahreszeiten:
1. *Frühling*
2. *Sommer*
3. *Herbst*
4. *Winter*

Hängt die Erde schief?

Die Erdachse ist gegenüber ihrer Bahn um die Sonne geneigt. Das heißt, wenn man sich die Erdbahn als waagrecht liegende Ellipse vorstellt, dann neigt sich die Erdachse ziemlich weit nach rechts. Der Winkel zur Senkrechten ist nur klein (genauer: 23 Grad, 27 Minuten), aber er hat eine überraschende Auswirkung: In unserem Lebensraum, den sogenannten gemäßigten Zonen zwischen dem 35. und 60. Breitengrad, ist er die Ursache für unsere Jahreszeiten.

Auf einer Hälfte der Bahn um die Sonne schaut nämlich immer die obere Hälfte der Erdkugel zur Sonne. Die Sonnenstrahlen können also hier ziemlich steil und von oben auftreffen. Und das heißt, es wird viel wärmer, als wenn die Sonne nur von der Seite her darauf scheinen würde. Während die Erde diesen Teil ih-

Der längste Tag

In unserem Sommer scheint die Sonne am Nordpol und auch im nördlichen Alaska sechs Monate ununterbrochen, sie geht nicht mehr unter. Auf 60 Grad nördlicher Breite, etwa in *Oslo*, *Helsinki* und *St. Petersburg*, dauert der 21. Juni dann 22 Stunden. Auf unserer Breite, in *Frankfurt am Main* mit etwa 50 Grad Nord, dauert er ungefähr 15 Stunden. Auf 30 Grad nördlicher Breite, also in *Kairo* oder in *New Orleans*, ist er immer noch 14 Stunden lang und am Äquator genau 12 Stunden. Nach Süden zu nimmt die Tageslänge dann ab, und am Südpol scheint am 21. Juni die Sonne überhaupt nicht.

65

rer Bahn durchläuft, haben wir auf der oberen nördlichen Halbkugel also unseren Sommer. Auf der gegenüberliegenden Ellipsenhälfte passiert dann das Gegenteil. Die nördliche Halbkugel ist von der Sonne abgewandt: Es ist Winter.

Für die untere südliche Halbkugel ist es natürlich genau umgekehrt. Wenn wir auf der Nordhalbkugel Sommer haben, ist es dort kalt, und während unseres Winters ist dort Sommer.

Für einen Umlauf um die ganze Ellipsenbahn herum braucht die Erde übrigens mehr als die 365 Tage eines Jahres. Sie verspätet sich sozusagen jedesmal um sechs Stunden, einen Vierteltag. Das ist der Grund dafür, daß alle vier Jahre ein *Schaltjahr* ist. Das bekommt dann einen zusätzlichen Tag in den Kalender, den *Schalttag*, den 29. Februar.

Die Erdachse ist zur Sonne hin in einem Winkel von 23° geneigt.

Wo geht die Sonne nicht unter?

Die *Eskimos*, die hoch im Norden leben, fast schon am Nordpol, erleben jedes Jahr ein unheimliches Schauspiel: Die Sonne geht sechs Monate lang nicht mehr unter, sie scheint sozusagen Tag und Nacht. Wie kommt das?

Wenn uns ein Freund, nur als Beispiel, die oberste Stelle seines Kopfes zeigen möchte, dann senkt er den Kopf. Dann kannst du ihm genau darauf schauen. Genauso ist es mit der Erde und der Sonne. Auch die Erde ist ja etwas zur Sonne hin „geneigt". So kann während unseres Sommers die Sonne ungehindert darauf scheinen. Erst, wenn die Erde sich im Winter wieder „abgewendet" hat, geht das nicht mehr.

Über dem Nordpol geht also die Sonne, egal wie die Erde sich Tag und Nacht dreht, im Sommer nicht mehr unter. Die Sonne steigt und fällt dann zwar, sinkt aber nicht unter den Horizont. Sie tanzt in einer grandiosen Wellenbewegung am Himmel täglich auf und ab. Und in jeder Nacht ist es so hell wie bei uns am späten Nachmittag. Nur im Winter wird es unangenehm. Dann geht die Sonne nämlich überhaupt nicht mehr auf. Und die Wintertage sind nur so hell wie vorher die Sommernächte.

Manchmal sieht der Himmel im hohen Norden so aus, als stünde er in Flammen. Feurige Bänder und Streifen wandern in stark leuchtenden Rot- und Blaufarben über den ganzen Horizont hinweg. Dieses Schauspiel heißt *Nordlicht*. Im Jahr 1570 konnte man auch in Mitteleuropa ein Nordlicht beobachten. Die Menschen waren so erschrocken, daß die Nachtwächter alle Kirchenglocken läuteten.

Die *Eskimos* erzählen sich, die Lichter seien die Geister der Toten, die mit einem Walroßschädel Ball spielen.

66

Beim Nordlicht (Aurora borealis) sieht der Himmel so aus, als stünde er in Flammen.

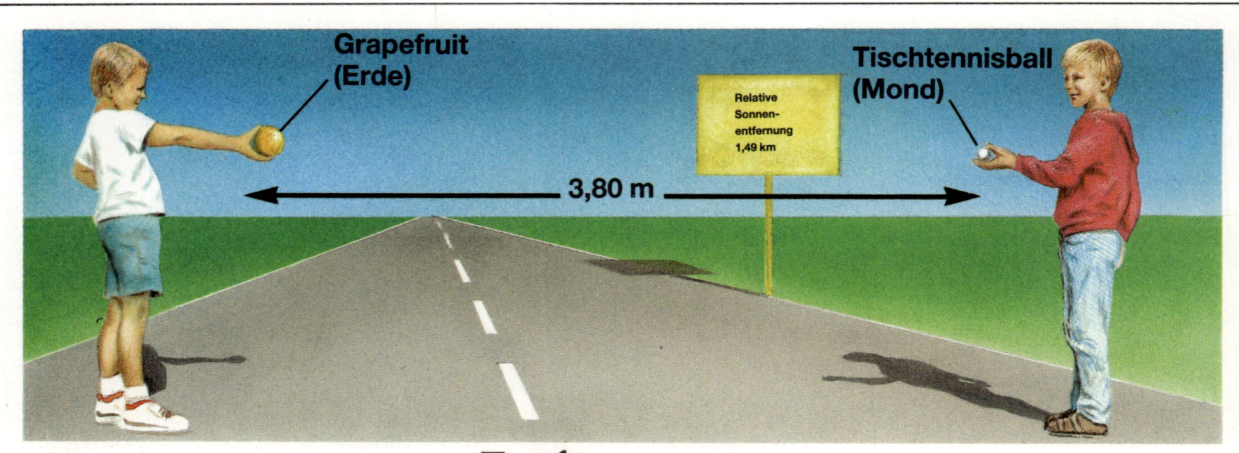

Entfernungen

Die mittlere Entfernung von der Erde zur Sonne beträgt 149 Millionen Kilometer, von der Erde zum Mond 407000 Kilometer.

Wenn die Erde auf die Größe einer Grapefruit verkleinert wäre, lägen zwischen Erde und Sonne 1,49 Kilometer, und die Sonnenkugel hätte einen Durchmesser von fast 14 Metern. Der Mond wäre so klein wie ein Tischtennisball (3,5 Zentimeter Durchmesser). Er würde im Abstand von 3,80 Metern um die Grapefruit-Erde kreisen. Selbst bei diesem Zwergenmaßstab wäre der nächste Stern unvorstellbar weit weg, nämlich 407000 Kilometer. Das ist so weit, wie der echte Mond von der echten Erde entfernt ist.

Warum zeigt der Kompaß nach Norden? Wenn man ein Blatt Papier nimmt, darauf Eisenfeilspäne streut und einen *Magneten* darunter hält, sieht man etwas Eigenartiges. Alle Eisenspäne sausen zu den beiden Stellen, wo unter dem Papier die beiden Enden des *Magneten* sind, die *Magnetpole*.

Seltsamerweise ist auch unsere Erde ein einziger, riesiger Magnet. Sie besitzt, sagt man, ein eigenes *Magnetfeld*. Ist die Ursache für diesen Magnetismus das Eisen im Erdkern? Das ist aber zum größten

Um die Erde ist ein Kraftfeld, die Magnetosphäre, gespannt.

Teil flüssig, und Flüssigkeiten sind nicht magnetisch. Oder vielleicht elektrische Ströme im Erdinnern? Aber wodurch werden diese produziert? Ist es die Drehung der Erde, die wie ein Fahrraddynamo arbeitet? Sind es magnetische „Sonnenwinde", die elektrisch geladene Teilchen zur Erde schleudern? Die wären allerdings zu schwach für den *Erdmagnetismus*. Er bleibt ein Rätsel der Natur.

Der Magnet zieht die Eisenspäne an.

Die *Magnetpole der Erde* liegen nahe am Süd- und am Nordpol. Von Zeit zu Zeit wandern sie ein wenig herum und verlagern sich, aber nicht sehr weit. So kann man also eine magnetische, drehbare Nadel konstruieren, einen *Kompaß*. Die Nadel richtet sich im Magnetfeld der Erde, wie ein Eisenspan auf dem Papier, nach den beiden Polen aus: Ein Ende zeigt (ungefähr) nach Norden, das andere nach Süden.

Warum können Steine nicht fliegen? Wenn man einen Stein in der Hand hat und läßt ihn los, fällt er auf den Boden. Warum tut er das? Welche Kraft zieht ihn zur Erde hin? Das macht die Schwerkraft. Und woher kommt die? Es klingt vielleicht komisch: Aber schon wieder muß die Wissenschaft zugeben, daß sie es nicht weiß. Sie weiß nur: Es gibt die Schwerkraft.

Diese Kraft ist immer dann wirksam, wenn sich eine große Materiemenge zusammenballt. Auch die Erde ist eine so riesige Materiekugel, daß sie andere Materie anzieht. Deshalb hat alles auf dieser Erde sein Gewicht. Einerseits profitieren wir davon: Bücher bleiben im Regal stehen und Häuser auf der Erde, sie schweben nicht oder springen plötzlich in die Höhe. Andererseits macht es uns Arbeit: Wir brauchen Kraft, einen Sack Zement hochzuheben oder eine Treppe hinaufzusteigen. Und noch viel mehr Energie ist nötig, um eine *Rakete* aus dem *Schwerefeld* der Erde hinaus in den Weltraum zu bringen.

Die Schwerkraft der Erde hält auch den Mond in seiner Bahn. Wenn man einen Schlüsselbund an einer Schnur kreisen läßt, spürt man in den Fingern, wie ihn die Fliehkraft nach außen zieht. Der Mond ist nun genau in der Balance zwischen der Fliehkraft, die ihn hinaustreibt, und der Schwerkraft, die ihn zur Erde zieht. In der gleichen Balance kreisen die Fernsehsatelliten um die Erde.

Dieser Satellit ist im Gleichgewicht zwischen Fliehkraft und Schwerkraft.

Die Erde insgesamt wird von der Schwerkraft der viel größeren Sonne auf ihrer elliptischen Bahn festgehalten. Auch alle anderen Planeten ziehen ihren Weg durch das Sonnensystem in derselben Balance aus ihrer eigenen Fliehkraft und der Schwerkraft der Sonne. Mehr noch: Alle Galaxien des Universums funktionieren nach diesem *Gravitation* genannten geheimnisvollen System.

Gibt es nur einen Mond? Nein. *Mond* nennt man eigentlich jeden kleinen Stern, der um einen großen kreist. So haben außer *Venus* und *Merkur*, den inneren Planeten des Sonnensystems, alle anderen Planeten mehrere eigene Monde, insgesamt sind es über vierzig. Die meisten davon, 23, gehören zum *Saturn*, und um den *Jupiter* kreisen sechzehn Monde. Die Erde ist der einzige Planet im Sonnensystem, der nur einen Mond hat.

Dafür ist der Mond der Erde aber auch ein ganz besonderes Prachtstück: Er ist einer der größten, nur drei weitere sind noch ein bißchen größer. Und er ist der einzige, den ein Bewohner fremder Planeten ohne Fernrohr sehen könnte. Zusammen mit der dunkelblauen Erde bildet er ein schönes, hell leuchtendes Doppelgestirn.

Der Mond ist der einzige „Stern" im Weltraum, den Menschen von einem anderen Stern betreten haben. Die amerikanischen Apollo-11-Astronauten *Armstrong* und *Aldrin* landeten mit der Mondlandefähre *Eagle* als erste Menschen auf dem Mond. Das war am 20. Juli 1969, an der Stelle, die *Meer der Ruhe* heißt. Nachdem sie die Eagle zum Rückstart klargemacht hatten, erst sieben Stunden nach der Landung, stieg Armstrong die neunsprossige Leiter hinunter und stand als erster Mensch auf dem Mondboden.

Die Amerikaner waren 1969 die ersten Menschen auf dem Mond. Das Team von Apollo 15 benutzte 1971 erstmals einen batteriebetriebenen Mondjeep (rechts).

Wie ist der Mond entstanden?

Soviel ist klar: Er ist nur etwas jünger als die Erde selbst. Er muß also kurz nach ihr entstanden sein.

Im 19. Jahrhundert dachte man sich, der Mond sei vielleicht aus der noch flüssigen Erde selbst herausgeschlüpft und habe sich als eigener Stern selbständig gemacht. Möglich wäre das schon, da die Erde sich damals sehr schnell drehte. Da hätte sie am Rand schon einen Teil ihrer Masse verlieren können. Eine schöne Idee. Aber sie paßt, wenn man es sehr kompliziert nachrechnet, nicht zur heutigen Mondbewegung.

Eine zweite Theorie meint, der Mond sei früher ein eigener Planet gewesen, der ebenfalls um die Sonne kreiste. Eines Tages sei er dem Schwerefeld der Erde zu nahe gekommen, und sie habe ihn sich eingefangen. Das würde immerhin erklären, warum Mond und Erde so ganz verschieden gebaut sind, ebenso wäre die besondere Größe des Mondes verständlich. Aber das Einfangen eines herumirrenden Planeten ist noch nie beobachtet worden, also ziemlich unwahrscheinlich.

Die dritte Theorie sagt: Der Mond ist ganz genau so entstanden wie die Erde. Er hat sich demnach, von Anfang an in Erdnähe, aus herumfliegendem Weltraumstaub erst zu einem kleinen Brocken entwickelt. Dieser zog dann durch seine Schwerkraft weitere Teilchen an sich und wuchs so lange, bis um ihn herum alles leer war. Das schöne an dieser Theorie ist, daß sie die ziemlich genaue Kreisbewegung des Mondes um die Erde begründet. Alle anderen Monde durchlaufen ja eine Ellipse, wie auch die Planeten. Da die Frage noch immer nicht abschließend beantwortet ist, können wir also zwischen Theorie zwei und drei wählen.

Aufgrund der genauen Kreisbewegungen des Mondes um die Erde neigt man zu der Theorie, daß der Mond auf gleiche Weise entstanden ist wie die Erde.

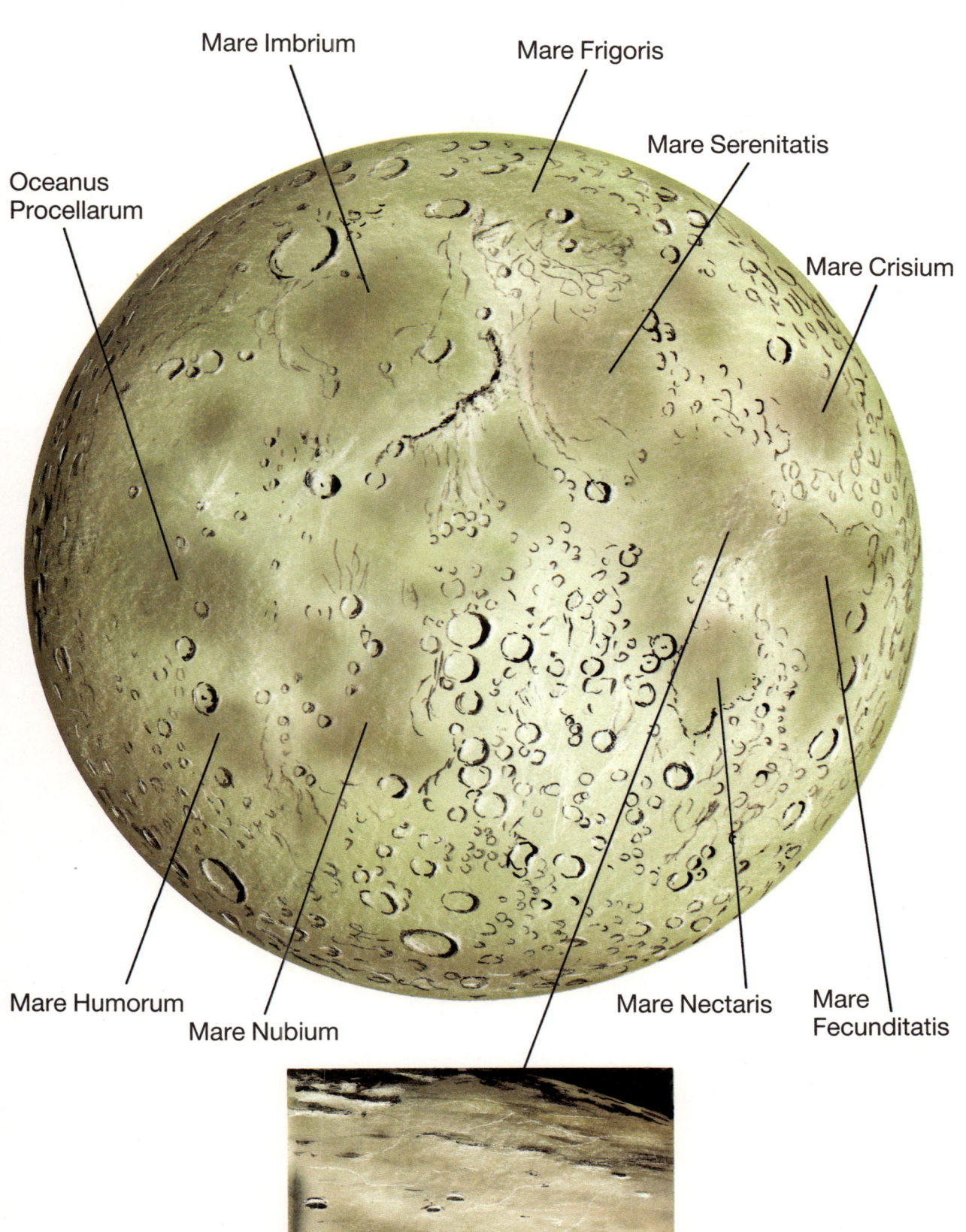

Mare Imbrium — Mare Frigoris — Mare Serenitatis — Mare Crisium

Oceanus Procellarum

Mare Humorum — Mare Nubium — Mare Nectaris — Mare Fecunditatis

Die dunklen Flecken auf dem Mond werden Mare (lateinisch für Meer) genannt.

Im Kasten: Aufnahme von der Landefähre (Schatten) von Apollo 11 über dem Mare Tranquillitatis kurz vor der Mondlandung am 20. Juli 1969.

Wie sieht es auf dem Mond aus? Vor allem ist es völlig still. Der Mond hat zu wenig Masse, um eine Atmosphäre festzuhalten. Auf seiner Oberfläche weht niemals ein Wind. Die Fußspuren der Astronautenstiefel bleiben für alle Zeiten sichtbar. Aus demselben Grund ist es auf dem Mond auch brütend heiß: Keine Atmosphäre filtert ihm die Sonnenwärme. Die Seite, auf die die Sonne scheint, erhitzt sich deshalb auf über 100 Grad. Geht die Sonne aber hinter dem Mondhorizont unter, sinkt die Temperatur schlagartig auf −100 Grad ab.

Die Oberfläche der Mondebenen ist von einem dunklen schwarzen Staub bedeckt. Er ist so fein, daß die beiden ersten Astronauten das Gefühl hatten, auf Kakaopulver zu gehen. Durch unzählige frühere Meteoreinschläge ist die Oberfläche außerdem mit Tausenden kreisrunder Krater übersät. Die größten kann man in einer klaren Nacht sogar mit bloßem Auge erkennen. An den Rändern der Mondkrater haben sich mit der Zeit

Diese Mondstadt zeigt eine mögliche Zukunft auf dem Mond.

durch die Wucht des Aufpralls der Meteoriten niedrige Gebirgsketten gebildet.

Wenn man auf dem Mond landen würde, könnte man genau sehen, wie klein er ist. Denn sein Horizont ist rechts und links deutlich nach unten gekrümmt. Bei der Erde kannst du so etwas erst vom Weltraum aus sehen. Der auffallendste Unterschied zur Erde ist jedoch der Himmel über dem Mond: Er ist rabenschwarz, viel schwärzer als bei uns in der dunkelsten Nacht. Vor diesem Vorhang, der auch am Tag schwarz ist, hängt grell und blendend die Sonne. Dunkelste Schatten und hellstes Licht liegen auf der Oberfläche des Mondes übergangslos nebeneinander.

Auch der Mond dreht sich um die eigene Achse, nur viel langsamer als die Erde. Von Sonnenaufgang bis zum Untergang vergehen auf der Erde nur einige Stunden, aber auf dem Mond zwei Wochen. Mit einem Mondfahrzeug müßte man nur maximal 16 Stundenkilometer fahren, und die Sonne ginge über einem überhaupt nie mehr unter.

Neumond

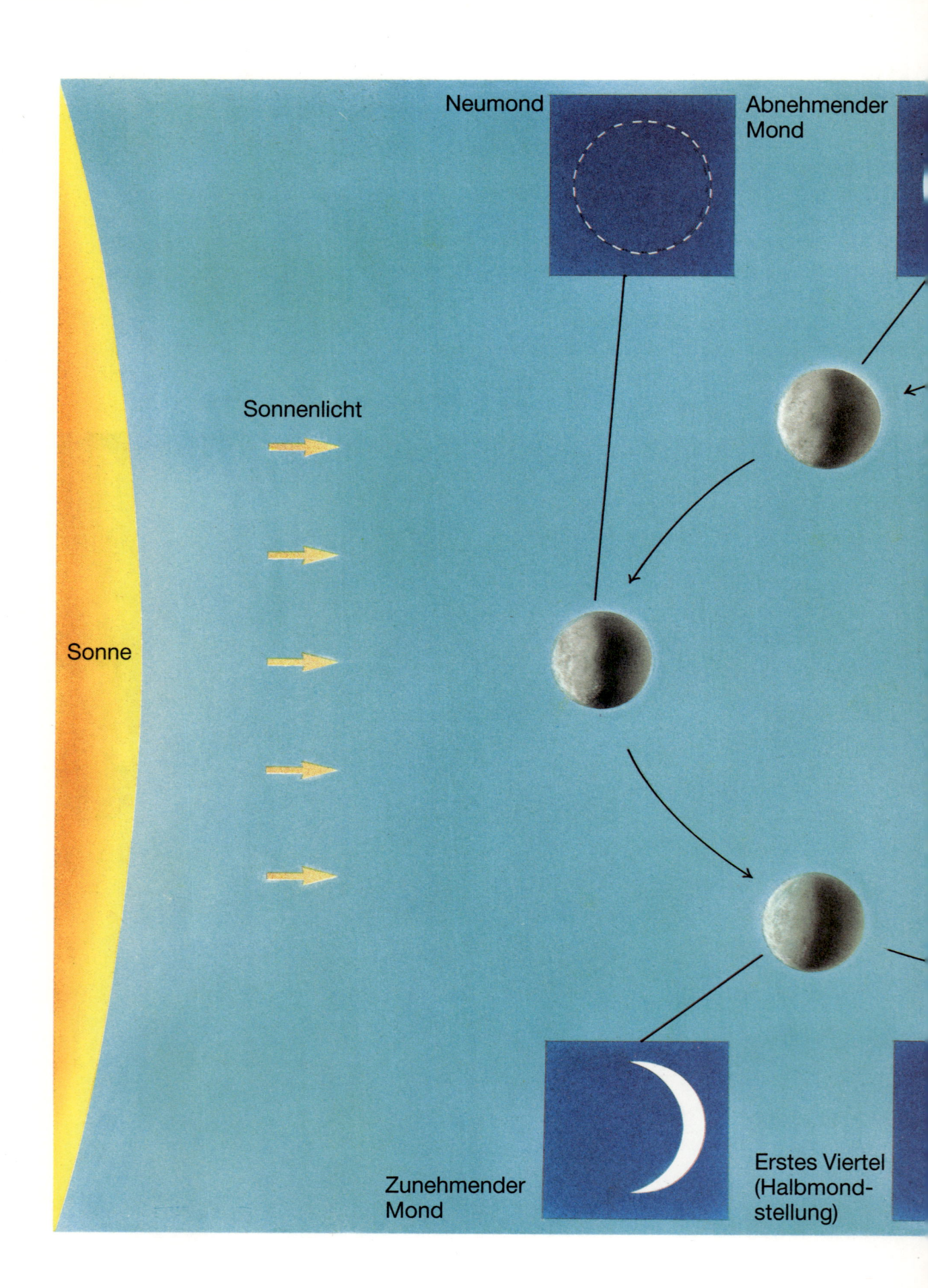

Abnehmender Mond

Sonnenlicht

Sonne

Zunehmender Mond

Erstes Viertel (Halbmondstellung)

76

Letztes Viertel (Halbmondstellung)

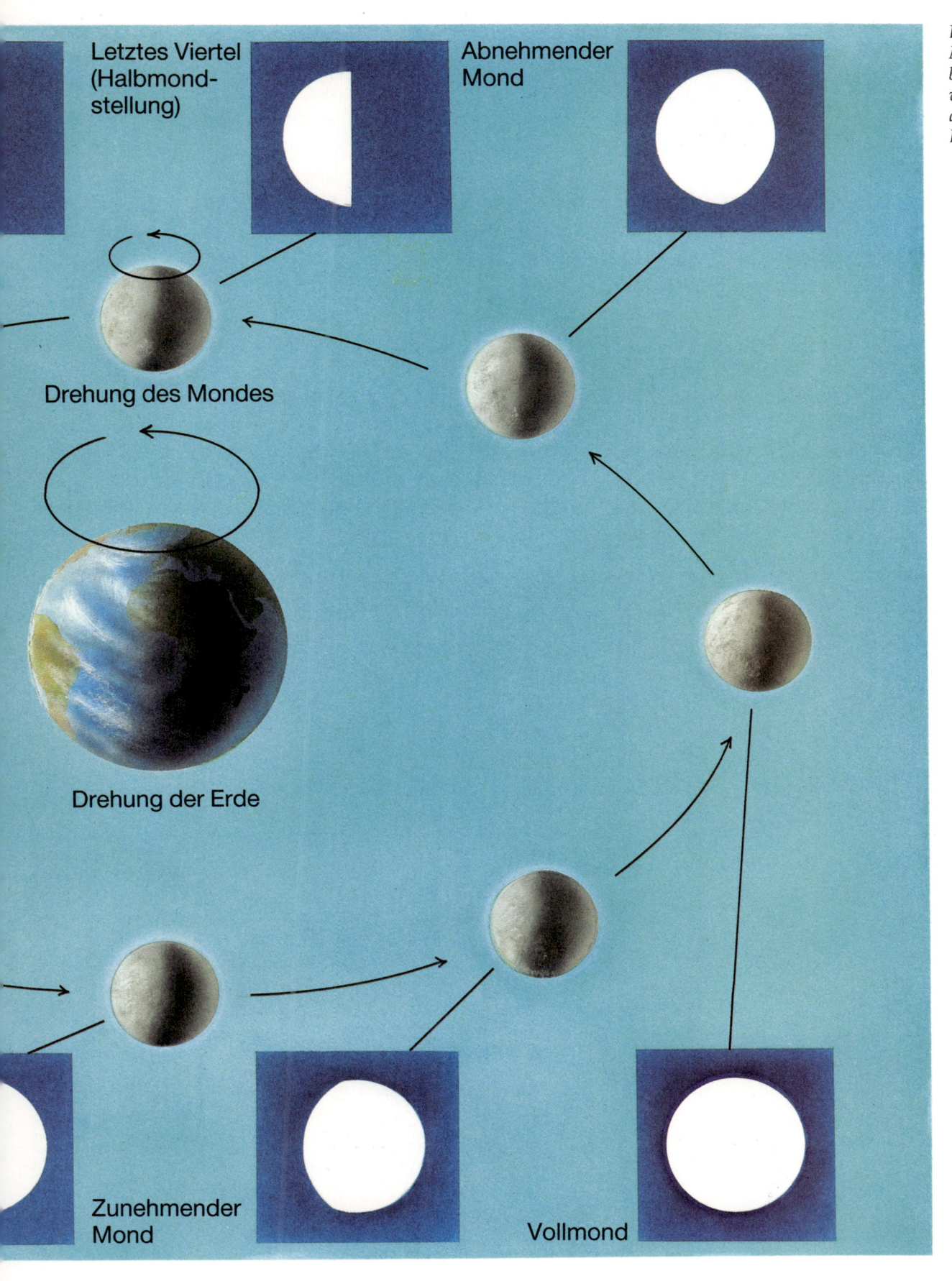

Abnehmender Mond

Drehung des Mondes

Drehung der Erde

Zunehmender Mond

Vollmond

Die einzelnen Mondphasen ergeben sich aus der jeweiligen Stellung des Mondes zur Erde.

Warum versteckt der Mond seine Rückseite?

Während eines Jahres läuft die Erde auf ihrer Ellipsenbahn einmal um die Sonne herum. In der gleichen Zeit umkreist der Mond die Erde zwölfmal, genauer: alle 29,5 Tage einmal, also fast jeden Monat. In dieser Bewegung befindet er sich jeden Monat einmal (in der Nacht) zwischen der Erde und der Sonne. An diesem Punkt beleuchtet die Sonne, von uns aus gesehen, nur seine Rückseite. Die uns zugewandte Vorderseite ist dunkel. In diesem Abschnitt seiner Bahn (*Mondphase*) nennen wir den Mond *Neumond*. Zwei Wochen später ist der Mond dann auf der anderen Seite der Erde, und jetzt können wir ihn als runde helle Scheibe am Nachthimmel sehen. Diese Mondphase wird als *Vollmond* bezeichnet.

Dazwischen liegen die Phasen, in denen wir nur die halbe Vorderseite, also eine „Mondsichel" sehen: der zunehmende und der abnehmende Mond. Der Unterschied ist ganz leicht zu erkennen: Wenn man mit der Form der Mondsichel ein kleines a schreiben kann, ist es der abnehmende Mond; wenn nicht, dann nimmt er zu.

Warum nun zeigt uns der Mond immer dieselbe Seite? Weil er sich ja während der Erdumkreisung auch noch um sich selber dreht. Diese Rotation ist so präzise mit der Mondbahn um die Erde kombiniert, daß er uns ständig nur seine Vorderseite zeigt. Die Rückseite haben erst die künstlichen Satelliten fotografiert.

Die Besatzung von Apollo 11 fotografierte den Mond von seiner Rückseite.

Wie kann es am hellen Tag finster werden?

Bei den recht komplizierten und ineinander verschlungenen Bahnen der Erde und des Mondes kommt es ungefähr einmal pro Jahr vor, daß der Mond genau zwischen der Erde und der Sonne steht. Der helle Tag verdunkelt sich, wir erleben eine *Sonnenfinsternis*. Dann liegen wir sozusagen im kreisrunden Mondschatten, der nach kurzer Zeit über die Erdoberfläche hinweg weiterzieht. Da der Mond aber so klein ist, kann auch der Schattenkreis nicht groß sein. Er hat einen Durchmesser von höchstens 100 Kilometern. Eine Sonnenfinsternis ist ein sehr eindrucksvolles Schauspiel. Man kann dann nämlich am Rand der ausnahmsweise abgedunkelten Sonne den silberhellen Lichterkranz sehen, von dem sie umgeben ist. Leider erleben wir in Europa so ein Schauspiel nur sehr selten.

Noch schöner dürfte eine Sonnenfinsternis vom Mond aus anzusehen sein (wenn die Erde zwischen Mond und Sonne steht). Die Erde erscheint dann schwarz, umgeben von einem zart dunkelroten Ring.

Erde

Mond

Sonne

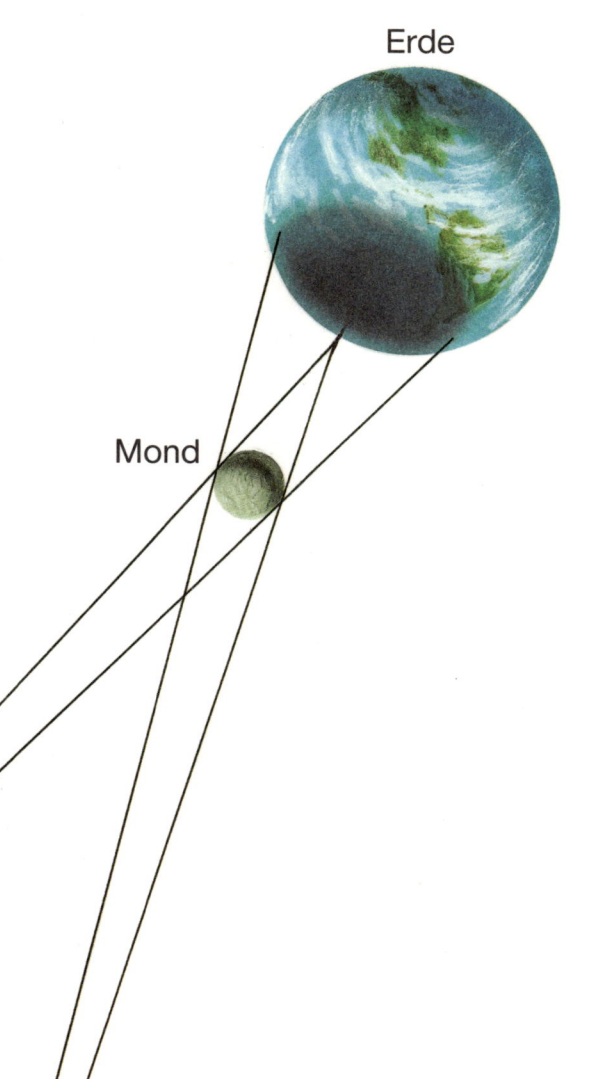

Ungefähr einmal pro Jahr steht der Mond genau zwischen der Erde und der Sonne, und es kommt zu einer Sonnenfinsternis.

Kasten: Bei der Sonnenfinsternis sieht man von der Erde aus am Rand der abgedunkelten Sonne den Lichterkranz, der sie umgibt.

Der Mensch und die Erde

Wie viele Menschen gibt es auf der Erde? Aus den fünf Millionen Steinzeitmenschen sind bis zum Jahr 1850 tausend Millionen geworden, eine Milliarde. Das war ein langer Zeitraum von über 10 000 Jahren. Bis zur zweiten Milliarde dauerte es nur noch 70 Jahre, zur dritten 40 Jahre. Das Wachstum der Erdbevölkerung beschleunigt sich immer mehr. 1987 war die fünfte Milliarde erreicht. Und wenn es so weitergeht, werden sich unsere Enkel die Erde mit mindestens acht Milliarden anderen Menschen teilen müssen.

Das Wachstum der Erdbevölkerung beschleunigt sich immer mehr.

Der Steinzeitmensch brannte kleine Waldstücke ab, um neue Äcker anlegen zu können.

Wie entwickelte sich die Landwirtschaft?

Seit dem Ende der Steinzeit betrieb der Mensch den *Ackerbau* systematisch, er betrieb *Landwirtschaft*. Das war bei weitem weniger gefährlich als die Jagd. Und viel bequemer als das mühsame Sammeln von eßbaren Pflanzen. Außerdem hielt sich der Mensch seit dem Ende der Steinzeit Haustiere, die um die Wohnhöhle herum auf die Weide gingen. Wenn alles abgegrast und der Boden ausgelaugt war, dann zog die ganze Horde einfach weiter. Land genug gab es ja. Und wenn nicht, dann brannte man einen kleinen Wald nieder und legte auf der gerodeten Fläche einen neuen Acker an.

Wie entsteht neues Ackerland?

Die erste Methode findet sich eher in den extrem wasserarmen Gebieten des *Nahen Ostens*, wie etwa in der *israelischen Negev-Wüste*. Dort fällt nachts reichlich Tau. Er wird so kunstvoll aufgefangen, daß man kein zusätzliches Wasser für die Bewässerung der Pflanzen braucht. Im Wadi *Hadramaut* im *Jemen* haben die Bewohner ein sinnreich verzweigtes Bewässerungssystem entwickelt und angelegt. Es füllt sich immer wieder durch das Grundwasser und manchmal, sehr selten, auch durch Regenfälle.

Die zweite Methode hat vor allem in den *Niederlanden* eine lange Tradition. Seit dem 7. Jahrhundert bauen die Nie-

Mit Windenergie werden diese Pumpen zur Entwässerung der Felder betrieben.

derländer Dämme, pumpen das Meerwasser mit Windmühlenkraft in Abwasserkanälen ins Meer zurück und lassen den Boden ein wenig austrocknen. Das übriggebliebene Meersalz wird vom Regen ausgewaschen – und fertig ist der neue Acker. Heute besteht ein Viertel der Fläche der Niederlande aus Land, das so aus dem Meer gewonnen wurde.

An die Stelle der vielen Windmühlen, die als Windpumpen dienen, sind heute aber zur Entwässerung der Felder Diesel- oder Elektropumpen getreten.

Wo gibt es noch unberührtes Land? Von 1870 bis 1970 hat sich die nutzbare Anbaufläche auf der Welt verdoppelt: Große Teile der amerikanischen Prärie wurden zu Acker- und Weideland, ebenso die weiten *Pampas* in *Argentinien*. Die wunderbare Landvermehrung ist aber gestoppt. Es gibt kein unberührtes Land mehr. 11 Prozent des trockenen Landes sind heute Ackerland, 20 Prozent Wiesen und Weiden. Der Rest sind Wälder, Gebirge und Wüsten (oder Städte).

Bis zu 5% Städte, Straßen, Flüsse, Seen, Industrie

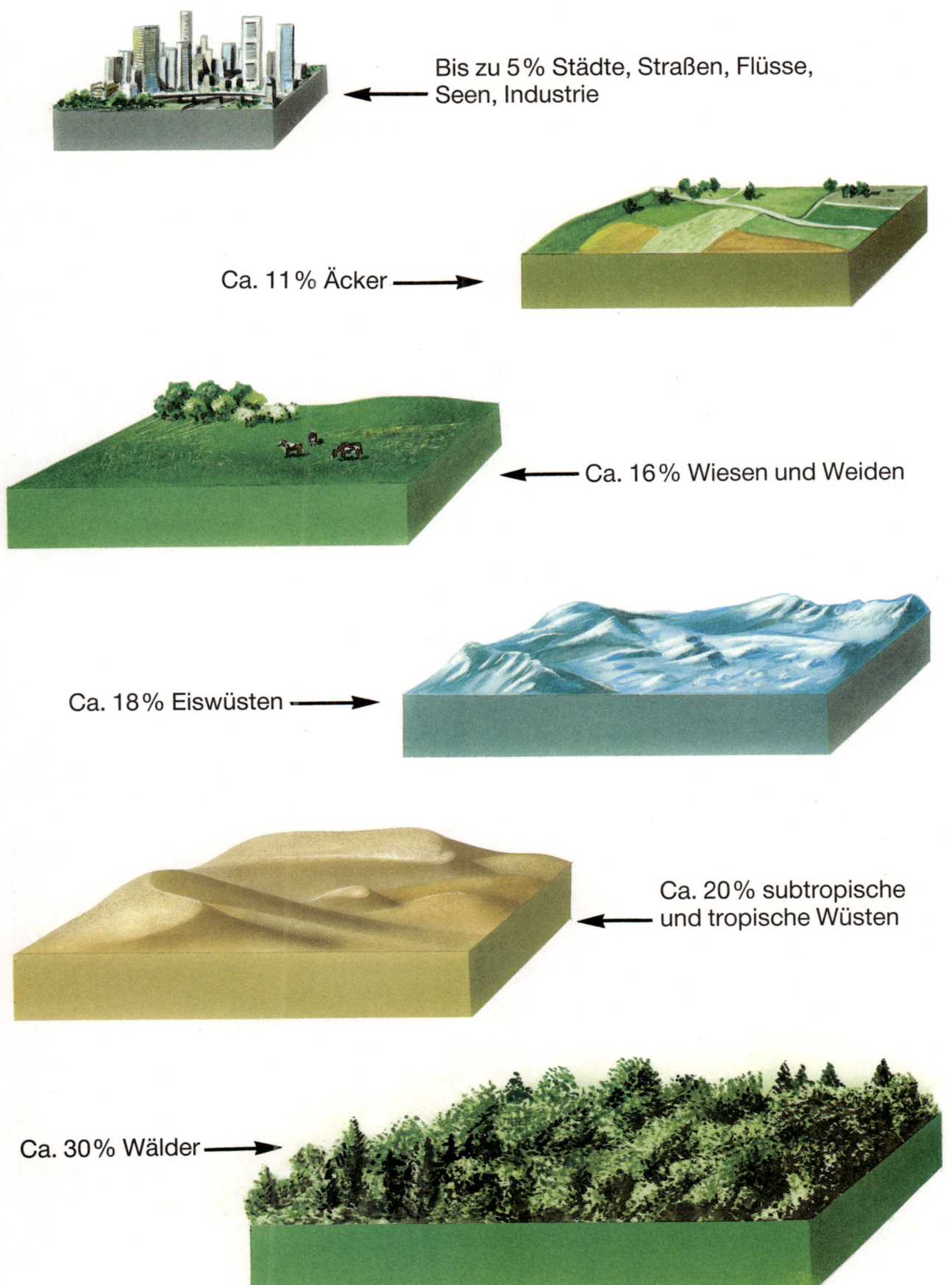

Ca. 11% Äcker

Ca. 16% Wiesen und Weiden

Ca. 18% Eiswüsten

Ca. 20% subtropische und tropische Wüsten

Ca. 30% Wälder

Die prozentuale Aufteilung des Festlandes der Erde

Wieviel Platz verbraucht die Straße?

Das klingt wie eine Scherzfrage. Ist eine Straße nicht dazu da, uns Platz für den Verkehr zu bieten, statt welchen zu verbrauchen? Und doch stimmt es, wenn du nachdenkst: Jede Straße liegt ja auf einem Stück Erde. Wo vorher eine Wiese, ein Feld oder ein Wald war, liegt plötzlich ein Streifen Asphalt. Auch jeder Kanal, auf dem Schiffe verkehren, verbraucht Land, auch die großen Seehäfen, die Flugplätze und die Eisenbahnen. *Deutschland* zum Beispiel ist knapp 360 000 Quadratkilometer groß. Alle diese Verkehrsflächen zusammen verbrauchen davon ungefähr 20 000 Quadratkilometer (das ist fast genausoviel Platz, wie alle Städte und Dörfer einnehmen). Jeder Flughafen benötigt allein 100 Quadratkilometer Land.

Und trotzdem scheint der Platz für die Autos auf den Straßen nicht zu reichen.

So hat man für *München* ausgerechnet: Wenn alle Münchner gleichzeitig mit dem Auto in die Stadt fahren, bleiben für jedes Auto noch genau vier Meter Straße.

Wann zogen die Menschen in die Städte?

Als in der Steinzeit erst ein paar Millionen Menschen auf der Erde lebten (und nicht fast 6 Milliarden wie heute), da hatten sie genügend Land zu ihrer Verfügung. Sie lebten vor allem von der Viehzucht und streiften mit ihren Herden als *Nomaden* von einem Weideort zum nächsten. Manchmal blieben einige Familienmitglieder an einer fruchtbaren Stelle zurück, während die anderen weiterzogen. Mit Beginn des Ackerbaus aber wurden diese Menschen seßhaft, das heißt, sie bauten sich Hütten und Häuser. Und aus kleinen Siedlungen wurden allmählich Städte.

Die Entwicklung des Menschen (von links nach rechts) vom steinzeitlichen Nomadentum über die ersten Dörfer, die Befestigungen im Mittelalter bis hin zu den großen Städten der Gegenwart veränderte die Landschaft.

Was war die erste Millionenstadt?

Im Altertum war die Größe der europäischen Städte noch recht bescheiden. Die größte Stadt im alten Griechenland war *Korinth* mit 60 000 Einwohnern, in Syrakus auf Sizilien lebten 400 000 Menschen. Die erste Millionenstadt Europas war das stolze *Rom*. Danach gab es lange keine so große Stadt mehr in Europa. Erst im Jahre 1810 kam *London* wieder über die Millionengrenze.

Seitdem vermehren sich die Millionenstädte schneller als die Menschheit selbst. Vor 70 Jahren zählte man auf der ganzen Welt nur 24, heute sind es über 160. In der Riesenstadt *New York* fahren täglich so viele Menschen mit der U-Bahn, wie die gesamte *Schweiz* Einwohner hat. Am Ende dieses Jahrtausends werden 60 Prozent aller Menschen in Städten leben.

Wie heißt die größte Stadt der Welt?

Das verrückteste Beispiel dafür, wie riesig eine Stadt im Laufe der Zeit werden kann, ist *Mexico-City*.

Zur Zeit der spanischen Eroberer lebte dort auf künstlichen Inseln im *Texcoco-See* eine halbe Million Menschen. Die *Spanier* legten den See trocken und bauten eine neue Stadt. Im Jahre 1844 war sie schon auf genau 1500 Quadratkilometer gewachsen, das ist die doppelte Fläche von Hamburg.

Offiziell ist die Stadt heute 2 000 Quadratkilometer groß, in Wirklichkeit wuchert sie ständig weiter. Heute leben dort, irgendwie, 16 oder 18 Millionen Menschen – genau weiß es keiner. Im Jahr 2000 werden es 24 oder 26 Millionen sein (das ist die Bevölkerung von ganz Kanada).

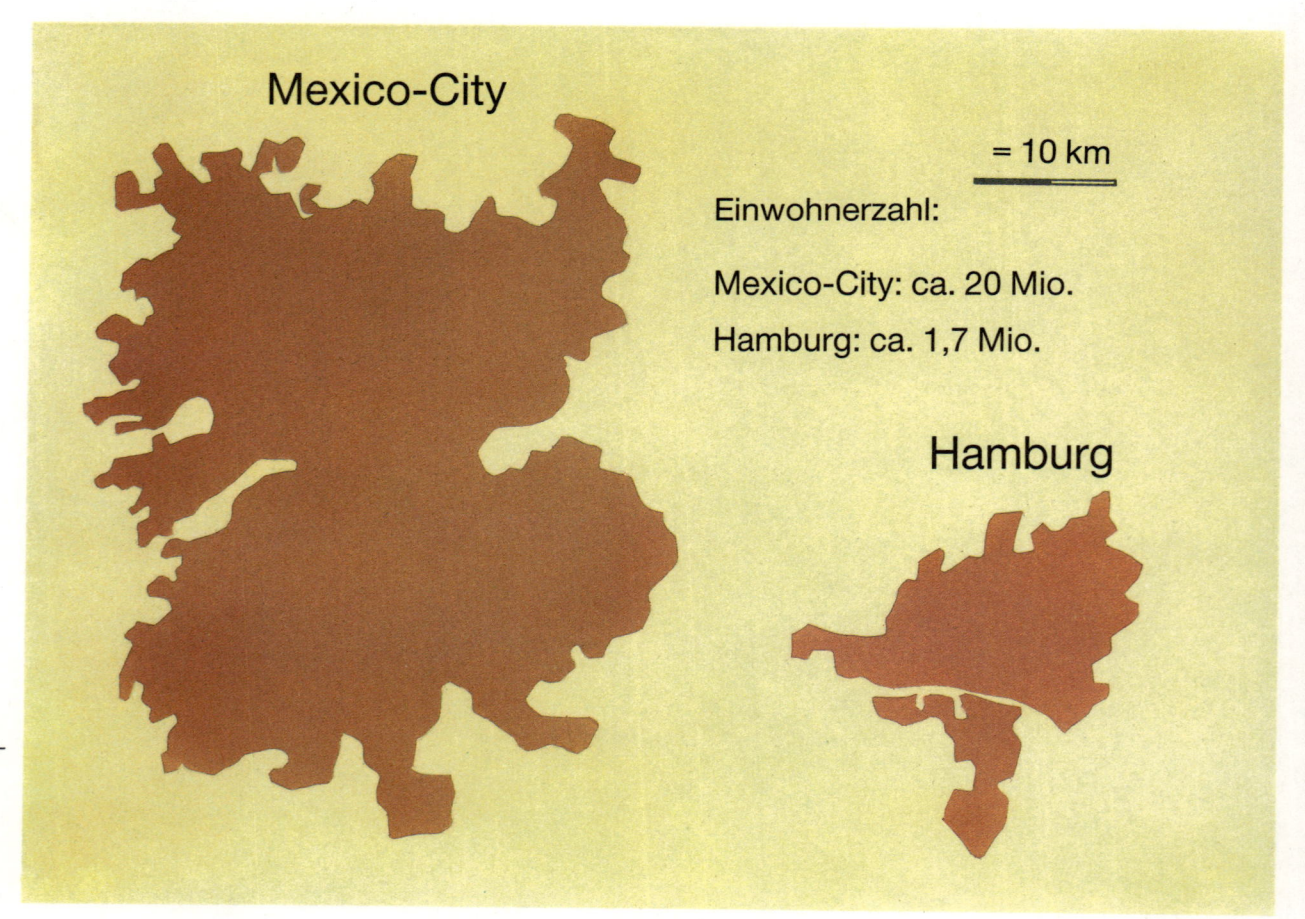

Ein Größenvergleich zwischen Mexico-City (ca. 20 Mio. Einwohner) und Hamburg (ca. 1,7 Mio. Einwohner)

Mexico-City

= 10 km

Einwohnerzahl:

Mexico-City: ca. 20 Mio.

Hamburg: ca. 1,7 Mio.

Hamburg

Nachdem dieser Hügel in Algerien gerodet worden war, um Ackerland zu gewinnen, wurde ein großer Teil des Bodens weggewaschen, und das Land konnte wegen der starken Erosion nicht mehr genutzt werden.

Wie verändert der Mensch den Erdboden? Vor dem Auftreten des Menschen und der Zivilisation waren fast zwei Drittel der Erdoberfläche von Wald bedeckt. Heute ist davon nur noch die Hälfte übrig.

Was passiert, wenn der Wald abgeholzt wird? Dann wird das Regenwasser nicht von Blättern und Wurzeln der Bäume gespeichert, es läuft oberirdisch dahin, wäscht die fruchtbaren Bodenschichten aus und schwemmt die Erde in Bäche und Flüsse. Dieser Vorgang wird als Erosion bezeichnet und läßt sich etwa im heutigen *Tibet* beobachten: Dabei werden die Berge immer kahler und die Überschwemmungen immer zahlreicher.

Solche Erosionen geschehen aber auch durch intensive Nutzung des Erdbodens als Weideland, die sogenannte *Überweidung*. Besonders in Trockengebieten, an Wüstenrändern zum Beispiel, wird die Pflanzendecke dabei zu dünn, der Boden trocknet aus, die Wüste dringt vor. Man rechnet damit, daß sich die Wüstenflächen der Erde bis zum Jahr 2000 verdoppeln werden.

Noch schlimmer verändert der Mensch die Erde durch die moderne Landwirtschaft, die zur Steigerung der Erträge jedes Jahr Millionen Tonnen von *Kunstdünger* in den Boden bringt. In den letzten dreißig Jahren hat sich der Einsatz von Düngemitteln in Deutschland fast verdoppelt, von Pflanzenschutzmitteln (*Pestiziden*) sogar vervierfacht.

Die größten Umweltverschmutzer sind aber immer noch der Autoverkehr und die Industriebetriebe. Die Schäden, die sie allein in Deutschland dem Erdboden zufügen, betragen 375 Milliarden Mark jedes Jahr.

88

Ein Team von acht Männern und Frauen trainierte bis 1993 in diesem künstlich geschaffenen Biotop in der Wüste Arizonas für die Kolonisierung des Alls.

Kasten oben: In diesem Biotop läßt sich sogar Reis ernten.

Kasten unten: Der Querschnitt zeigt die fünf Klimazonen des Biotops, in denen 3 800 verschiedene Tier- und Pflanzenarten leben.

Register

Ackerbau 81
Affe 46
Afrika 15f., 31f., 48f.
Ägypter 16
Alaska 35, 64f.
Aldrin, Edwin 70
Algen 18f.
Alpen 50
Aluminium 16
Amerika 13, 25, 64
Aminosäuren 17
Antarktis 16, 49
Apollo 11 8, 70, 73, 78
Apollo 15 71
Äquator 16, 39, 61f.
Archaikum 15
Archimedes 60
Argentinien 82
Aristoteles 60
Arizona 89
Arktis 49
Armstrong, Neil 70
Asien 13f., 16, 25
Astronaut 8
Atlantik 16, 27, 30f.
Atlantischer Ozean 29
Atlas 60
Atlasgebirge 45
Atmosphäre 11f., 18, 20, 23, 25, 34, 36f., 39f., 42, 48, 50, 52, 74
Ätna 50
Atom 37
Aurora borealis 67
Australien 16

Bakterie 18f.
Bärlapp 15
Benzin 42
Bergwerke 54
Biosphäre 50f.
Biotop 89
Bitumenkohle 57
Blaualgen 19
Blei 35
Bodenschätze 52f.
Brachiosaurus 15
Brasilien 46, 48
Braunkohle 57
Breitengrad 62, 65
Breitenkreis 61f.
Brennstoffe, fossile 42
Bronze 54
Bronzezeit 54
Bruchkanten 50
Bruchlinie 25, 29

Cañon 33
Chief Mountain 50
China 25, 33, 42
Chlorophyll 18

Das Große Sterben 22
Datumslinie 64

Delta 33
Deutschland 84
Dimetrodon 15
Dolomiten 50

Eagle 70
Eichhörnchen 46
Einzelkoralle 15
Einzeller 17f.
Eisberg 32
Eisen 16, 19, 54
Eisenoxid 19
Eismeteorit 12
Eiszeit 20, 36, 44f.
El Chichón 25
Elbe 35
Elefanten 44
Elektronen 19
Elemente 52
Ellipse 20, 65f., 72, 78
Energie 18
Energie, geothermische 26
England 48
Enzym 19
Erdachse 20f., 65f.
Erdbahn 20
Erdbeben 29
Erddrehung 20
Erdgas 42, 52f., 58
Erdkruste 24f., 30, 53
Erdmagnetismus 68
Erdmantel 24
Erdöl 42, 52f., 58f.
Erdrotation 31
Erdschicht 24
Erdwärme 26, 53
Erdzeitalter 49
Erich der Rote 36
Erosion 33, 43ff.
Eskimos 66
Eupakeria 15
Eurasien 16
Europa 16, 20, 31, 36, 39, 46, 63f., 79
Evolution 18
Exxon Valdez 35

Farnbäume 55
Feldspat 55
Feuerstein 54
Fliehkraft 28, 69
Florida 31, 36
Flugsaurier 15
Fluorchlorkohlenwasserstoff 40, 42
Flußpferde 44
Frankfurt am Main 65
Fusion 16

Galaxien 70
Galaxis 8
Galilei, Galileo 60

Ganges 33
Gardasee 22
Gene 17
Geologe 15
Geophysiker 50
Gezeitenberg 28
Gezeitenkraftwerk 52
Gibraltar 22
Giftmüll 35
Gliederfüßer 15
Glimmer 55
Gold 27, 53, 55
Golfstrom 31
Gravitation 70
Greenwich 62
Grönland 36
Grundwasser 34, 44, 81
Gürtel 39

Hadramaut 81
Hamburg 28, 49, 86
Helsinki 65
Himalaja 13f., 36
Hochwasser 28
Humus 43f.
Humusschicht 44
Hwangho 33

Ichthyosaurus 15
Ichthyostega 15
Indien 13f., 33
Indischer Ozean 13, 30
Indonesien 46, 48
Industrialisierung 54
Inselberge 44
Island 26

Japan 48, 63
Jemen 81
Johannes Paul II. 61
Jupiter 70
Jura 15, 49

Kadmium 35
Kairo 65
Kalifornien 27
Kalium 16
Kältepol 32
Kalzit 55
Kalzium 16
Kanarischer Gegenstrom 31
Känozoikum 15
Karbon 55
Karibik 31
Karstlandschaft 44
Kern, äußerer 24
Kernkraftwerk 59
Kettenreaktion, atomare 16, 59
Kieferfisch 15
Kläranlage 34f.
Klima 31, 36, 39, 43f., 48, 51, 56

Klimaverschiebung 48
Klimazonen 39
Kohle 42, 53ff., 56f., 59
Kohlendioxid 18, 40, 42, 46
Kohlenhydrat 18
Kohlenmonoxid 40
Kohlenstoff 18
Kolibri 46
Komet 11
Kompaß 69
Komposthaufen 56
Kontinent 8, 13, 25, 46, 49, 55f.
Kontinentalverschiebung 13
Kopernikus, Nikolaus 60
Korinth 86
Kreide 15, 49
Kreta 44
Kunstdünger 87
Kupfer 54
Küste, kalifornische 29

Lachgas 40
Landwirtschaft 81
Längengrad 62
Längenkreis 61
Lapislazuli 53
Lava 12, 25, 29
Lebensstandard 53
Leopard 46
Libysche Wüste 32
Licht, ultraviolettes 16f.
Lithosphäre 50
London 62, 86
Luftbewegung, horizontale 38
Luftbewegung, vertikale 38
Luftdruck 37
Luzon 25

Magma 29
Magnesium 16
Magnet 68
Magnetfeld 68
Magnetpole 68f.
Magnetpole der Erde 69
Mammut 15
Manhattan 49
Maoris 25f.
Mare 73
Mare Crisium 73
Mare Fecunditatis 73
Mare Frigoris 73
Mare Humorum 73
Mare Imbrium 73
Mare Nectaris 73
Mare Nubium 73
Mare Serenitatis 73
Mare Tranquillitatis 73
Markusturm 49
Marokko 63
Materie 8
Materie, anorganische 17

Materie, organische 17f.
Materiering 9
Meer der Ruhe 70
Meeresspiegel 30
Meeresströmung 31
Mehrzeller 18
Meridiane 61
Merkur 23, 70
Mesosphäre 37
Mesozoikum 15
Meteor 53, 74
Meteorit 10ff.
Methan 40
Mexico-City 86
Mexiko 25
Mineralien 26, 53ff.
Minuten 62
Mittelalter 60, 64
Mitteleuropa 63
Mittelmeer 13, 22, 25f., 35
Mittelozeanischer Rücken 29
Molekül 37
Mondanziehung 28
Mondphasen 77f.
Mono-Lake 27
Montana 50
Moose 43
Mount Everest 30
München 85
Muschel 15
Mutterboden 43f.

Naher Osten 81
Nahrungskette 51
Nashorn 15
Natrium 16
Neapel 50
Negev-Wüste 81
Neuguinea 16
Neumond 76, 78
Neuseeland 25f., 42, 64
Neutronen 19
New Orleans 65
New York 63, 86
Niagarafälle 33
Niederlande 81f.
Niedrigwasser 28
Nildelta 33
Nomaden 85
Nordafrika 45
Nordamerika 16, 27, 50
Norditalien 22
Nordlicht 66f.
Nordpol 20, 39, 42, 49, 61, 65f., 69
Nordsee 35
Null-Linie 61
Nullmeridian 62

Oceanus Procellarum 73
Okeanos 60
Ökosystem 46f., 50f.
Ölschiefer 53
Ornithosuchus 15
Ortszeit 63
Oslo 65
Ostantarktis 32
Ostsee 27

Ozean 19, 23, 27, 29ff., 35, 42, 48f.
Ozon 42
Ozonloch 40, 42
Ozonschicht 20, 37, 40, 42
Ozonschild 20

Packeis 32
Padua 60
Paläozoikum 15
Palermo 22
Pampas 82
Papagei 46f.
Paris 63
Pazifik 16, 35
Pazifischer Ozean 15, 64
Perioden 15
Persischer Golf 27
Pestizide 87
Photosynthese 18f., 42, 46
Pinatubo 25
Plankton 51
Platten 29, 32, 50
Plattenbewegung 29
Plattenuntergrenze 29
Pol 61
Polarzone 32
Pole 32, 39, 48
Polen 25
Portugal 63
Protonen 19
Psilophyton 15

Quartär 15, 49
Quarz 55
Quecksilber 35

Radiowelle 16
Rakete 69
Reagenzglas 17
Recyclingsystem 50
Regen, saurer 43
Regenwald, tropischer 19, 39, 46f.
Regenwaldklima, tropisches 39
Reptil 22
Reykjavik 26
Rhein 35
Ringe 31
Rio de Janeiro 42
Robbe 51
Rom 86
Römer 45
Röntgenwelle 16
Rosenquarz 53
Rotation 28
Rotationsachse 25
Rotes Meer 27

Sahara 38f., 44f.
Sahelzone 45
Salzgehalt 26
San Franzisko 29
Sandstein 54
Saphir 53
Saturn 70
Sauerstoff 16, 18ff., 35, 42f., 58

Saurier 22
Schadstoff 35
Schaltjahr 66
Schalttag 66
Schlangen, fliegende 46
Schlick 58
Schnee-Wald-Klima 39
Schneeklima 39
Schottland 48
Schwarzes Gold 55
Schwefeldioxid 42
Schweiz 86
Schwerefeld 69
Schwerkraft 30, 69
Schwermetall 35
Schwertwal 51
Seasat 30
Sedimente 55
Sedimentschicht 30
Seebarsch 51
Seeleopard 51
Segler 47
Sekunden 62
Sibirien 31, 49, 64
Silizium 16
Sizilien 22, 49, 86
Smaragd 53
Sondermüll 35
Sonne 9, 11, 16, 20f., 23, 28, 34, 42ff., 59f., 63ff., 68, 70, 74ff., 78f.
Sonnenentfernung, relative 68
Sonnenfinsternis 79
Sonnensystem 9
Spanien 63
Spanier 86
Sphäre 50
Springflut 28
Springtide 28
Spurengas 40
St. Petersburg 65
Steinzeit 54, 80f., 85
Stockwerk 34
Strahlen, ultraviolette 42
Strahlentierchen 15
Stratosphäre 37, 50
Subduktionszone 29
Südamerika 13, 16
Südfrankreich 22
Südpol 20, 32, 39, 42, 49, 61, 65, 69
Südwestlicher Pazifik 30
Süßwasser 26
Syrakus 86
System, dynamisches 50
System, komplexes 51
Szenario 23

Tennessee 44
Tertiär 15, 49
Thermosphäre 37
Tibet 87
Tidenhub 28
Tiefseegraben 29
Titan 60
Titanic 32
Tokyo 64
Torf 56

Tornado 36
Totes Meer 27
Treibeis 32
Treibgas 42
Treibhauseffekt 40f.
Trias 15
Trichomonas 17
Trinkwasser 34
Trockenklima 39
Tropen 39
Troposphäre 37
Tschernobyl 16, 59

Überfischung 51
Übersäuerung 43
Überweidung 87
Universum 8f.
Uran 59
Uranerz-Kernkraftwerk 53
Urerde 9
Urfisch 15
Urinsekt 15
Urknall 9
Urnebel 9
Urpferdchen 15
Ursuppe 17f.
USA 33, 43f.
Utah 33

Vampirfledermaus 46
Vatikan 61
Vegetation 44
Venedig 49
Venus 70
Vereinte Nationen 46
Verwitterung 43f.
Vesuv 50
Vollmond 77f.
Vulkan 12, 29f., 40

Waldsterben 43
Wärmepol 32
Wasserfall 33
Wasserstoff 18, 43
Wasserstoffatom 16
Weißer Zwerg 23
Weltall 12, 60
Weltraum 75
Wetter 39
Wikinger 36
Windenergie 82
Windmühlen 82
Wostok 32

Zaïre 46
Zedern 43
Zeitzonen 63
Zellkern 17
Zellmembran 17
Zink 35
Zinn 54
Zone 39
Zone, gemäßigte 39
Zwischeneiszeit 21
Zypern 54
Zytoplasma 17

FRAG MICH WAS

Die neue Sachbuchgeneration

- Pyramiden
- Tiere der Urzeit
- Vulkane
- Dinosaurier
- Pferde
- Wale und Delphine
- Technik
- Mumien
- Urmenschen
- Computer und Roboter
- Planeten und Raumfahrt
- Die Erde

Loewe

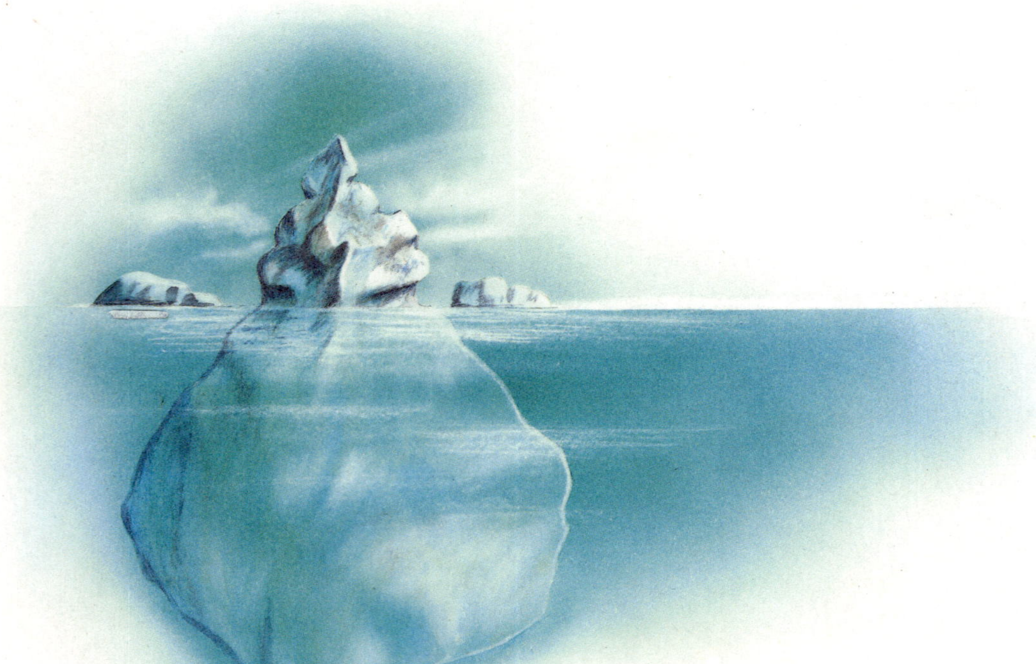